Adelmann

Die Kunst des Gleichgewichts

NIna Adelmann
Die Autorin studierte Architektur in Stuttgart und Wien und Sprachen in Frankreich. Sie arbeitete als Journalistin für Fachmagazine und Zeitschriften. Seit 1998 beschäftigt sie sich mit Feng Shui und arbeitet zusammen mit Architekten und Kooperationspartnern an verschiedenen Projekten im In- und Ausland, wie dem Robert-Bosch-Krankenhaus in Stuttgart. In den USA erwarb sie einen Meistergrad in Feng Shui.

Nina Adelmann

Die Kunst des Gleichgewichts

Die Essenz des Feng Shui

Die eigene Intuition entdecken,
entwickeln und ihr folgen:

- für mehr persönliches Wohlbefinden
- liebevolle Partnerschaft
- und besseres Standing in Beruf und Alltag

Haug

Energien erkennen und nutzen

Analysemethoden des Feng Shui

Wahrnehmen und verändern

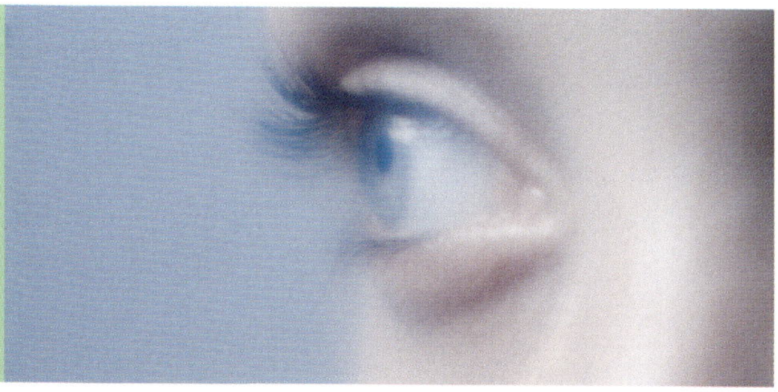

Feng Shui für alle Lebensbereiche

Feng Shui für Ihre Wohnung

Zu diesem Buch

Wenn wir etwas in Angriff nehmen, was wir wirklich wollen, haben wir am Anfang mit Schwierigkeiten zu kämpfen, unsere Entschlossenheit wird auf die Probe gestellt, und wir können einen Verlust erleiden. Beharrlichkeit bringt voran ...
Aus dem „I Ging“

Im Job oder mit den Kindern läuft's nicht rund, in der Partnerschaft gibt's Probleme, was man auch anfängt, gerät ins Stocken, und man weiß einfach nicht mehr weiter. Ratlosigkeit macht sich breit. In solch einer Lebensphase wünscht man sich jemanden, der einem sagt, was man tun soll. Den gibt es aber leider nicht, man muss sich schon selbst helfen. Deshalb habe ich diesen Ratgeber geschrieben, denn meiner Erfahrung nach kann man in solchen Phasen mit Innerem und Äußerem Feng Shui die Dinge wieder in Bewegung und „in Ordnung“ bringen.

Alles ist Schwingung und alles ist miteinander verbunden. Daher ist alles, womit wir uns beschäftigen, eine Energieform, die in die Umwelt ausstrahlt und entsprechende Wirkungen hervorruft. So wie wir fühlen, wie wir denken, wie wir „drauf sind“, reagieren wir nach außen – richten beispielsweise unsere Wohnung ein oder kleiden uns.

Klärung und Veränderung herbeizuführen heißt, sich aus seinen eingefleischten, gewohnten und bequemen Denk- und Verhaltensweisen zu lösen, sich bewusst mit dem Thema zu beschäftigen und selbst etwas dafür tun. Dabei hilft uns Inneres Feng Shui, Situationen bewusst wahrzunehmen und uns über Ziele klar zu werden. Mit Äußerem Feng Shui setzen wir das in die Tat um und verändern dadurch die bisherige Situation.

Sie werden erleben, wie schön und befriedigend es ist, sein Leben bewusst in die Hand zu nehmen und Veränderungen herbeizuführen. Ich wünsche Ihnen viel Erfolg dabei!

Nina Adelmann

Energien erkennen und nutzen

Feng Shui ist ein aus China stammendes System, das zum Ziel hat, den Menschen in Harmonie mit der Natur und seiner Umgebung zu bringen und vorhandene Energien wahrzunehmen und zu nutzen. Dahinter steht die Idee, dass alle Erscheinungsformen des Lebens miteinander und mit dem Universum verbunden sind. Diese Idee ist seit vielen Jahrhunderten auch in unserem Kulturkreis bekannt.

Wie das Innen, so das Außen

Der Mensch gestaltet seine Umwelt, und diese wirkt zurück auf seine Psyche.

Waren Sie schon einmal in einem Haus, in dem Sie instinktiv spürten, dass etwas „falsch" ist? Oder war es Ihnen schon einmal unangenehm, in einem Restaurant mit dem Rücken zur Tür zu sitzen? Besuchten Sie jemanden zum ersten Mal und spüren sofort, dass es eine Wohnung mit angenehmer Ausstrahlung ist, ein Ort, um sich wohl zu fühlen? Haben Sie sich schon einmal gefragt, was Sie dazu führte, sich für das Haus oder die Wohnung zu entscheiden in dem/in der Sie jetzt leben? Warum fühlen wir uns zu manchen Menschen hingezogen, und warum haben wir bei anderen ein ganz ungutes Gefühl? Gibt es Liebe auf den ersten Blick?

Harmonisches Wohnen, guter Schlaf, Gesundheit, Erfolg im Beruf, den richtigen Partner oder Beruf finden – all diese Schlagworte werden üblicherweise mit Feng Shui in Verbindung gebracht, doch Feng Shui ist weit mehr. Es ist eine Philosophie, die uns in allen Lebensbereichen Hilfestellung bei Problemlösungen gibt, weil sie sich mit den ursprünglichen Gesetzmäßigkeiten, mit dem in uns wohnenden Urinstinkt und den tief in uns wirkenden Traditionen beschäftigt.

Die Wurzeln der chinesischen Wissenschaft reichen mehrere Jahrtausende zurück. Grundlage sind Beobachtungen der Natur. Ursprünglich wurden unter Beachtung der Landschaft und des vorherrschenden Energieflusses geeignete Plätze für Gräber ausgesucht. Man wollte durch die bestmögliche Ruhestätte des Verstorbenen dessen Segen für die nachfolgenden Generationen sichern. Die Erkenntnis einer energetischen Verbindung, die innerhalb einer Sippe herrscht, ist hier der Grundgedanke. (Der Autor, Therapeut und Philosoph Bert Hellinger arbeitet in seiner systemischen Familientherapie ebenfalls mit diesen energetischen Verbindungen.)

Wissen

Alles ist miteinander verbunden

Feng Shui befasst sich mit den Gesetzmäßigkeiten des Energieflusses (Chi) und den daraus entstehenden vorteilhaften oder unerwünschten Auswirkungen. Grundlage hierfür ist die Idee, dass alle Erscheinungen der Natur miteinander verbunden sind.

Alles ist Energie

„Alles fließt“ – mit dieser Feststellung umschrieb Heraklit die energetischen Prinzipien, die dem Feng Shui zugrunde liegen. Sie werden durch die Erkenntnisse der modernen Quantenphysik bestätigt. Nach heutigem Wissensstand sind die kleinsten Bausteine nicht mehr Atome, Neutronen, Elektronen oder Quarks, sondern kleinste Impulse aus Energie und Information, die sich unvorstellbar schnell auf bestimmten Bahnen bewegen. Wir können diese Bewegung nicht wahrnehmen und haben deshalb den Eindruck einer festen, massiven Struktur.

Wissen

Kirlian-Fotografie

Das energetische Feld, das alle Dinge und Lebewesen umgibt, machte der russische Elektroingenieur Semjon D. Kirlian mit fotografischer Technik sichtbar. Die Kirlian-Kamera zeigt die bioenergetische Strahlung, die beispielweise von den Rändern eines Blattes ausgeht. Schneidet man ein Stück des Blattes ab, zeigt ein erneutes Foto immer noch das ganze Blatt, obwohl auf der materiellen Ebene ein Stück des physischen Bestandteils fehlt.

Jeder feste Körper, ob Mensch, Tier oder Möbel, jedes Material besteht aus Energie (Chi) – Impulsen, die sich in einer bestimmten, ihnen eigenen Frequenz bewegen. Sie bilden ein Energiefeld um den Körper, das mittels der Kirlian-Fotografie sichtbar gemacht werden kann.

Das Energiefeld um uns ist nun kein statisches Gebilde, sondern vermischt sich mit den Energiefeldern der Menschen und Dinge um uns herum. Wenn wir in die Stadt zum Einkaufen gehen, wird unser Energiefeld von vielen hundert Menschen beeinflusst, die positiv oder negativ, traurig, aggressiv, fröhlich, zuversichtlich oder sonst wie gestimmt sind. All diese Gefühlszustände finden sich in dem jeweiligen Energiefeld eines Menschen und können in unserem eigenen Feld Spuren hinterlassen. Das schwächt uns und raubt uns Energie – ein Grund, warum wir uns oftmals nach einem „Bad in der Menge“ müde und ausgelaugt fühlen.

Diese unsichtbare Energie, das Chi, nährt uns und durchströmt uns entlang den Meridianen. In der chinesischen Medizin stimulieren Akupunkteure diese Energiebahnen an bestimmten Punkten, um Blockaden zu entfernen. Sowohl in der chinesischen als auch in der ayurvedischen Medizin sind diese Energiebahnen gut bekannt und genau dargestellt.

▲ Wie können Sie die Energie eines roten Sofas für sich nutzen?

Die Kunst des Feng Shui besteht nun darin, diese subtilen Energien auf allen Ebenen – innen wie außen – wahrzunehmen, Blockaden oder Störungen zu erkennen und positiv zu beeinflussen. Die Philosophie des Feng Shui ist es, jede Situation möglichst zu optimieren.

- Jede Feng-Shui-Maßnahme beruht auf der Erkenntnis, dass Ihre Wohnung oder Ihr Haus ein Spiegel Ihrer Person und Ihres Lebens ist.

Wir beeinflussen Energien und sie beeinflussen uns

Wie und wo wir wohnen und arbeiten, beeinflusst unser Wohlbefinden und somit unser gesamtes Leben mehr, als wir glauben. Eine Wohnung, in der wir uns wohl und geborgen fühlen, die eine positive, freundliche Ausstrahlung hat, hilft uns zu entspannen und neue Energien zu tanken. In einem Büro, das durch Farben, gute Struktur, aufbauende Symbolik und den richtig gewählten Sitzplatz unsere Tätigkeit unterstützt, können wir konzentrierter, effektiver und stressfreier arbeiten.

Feng Shui wurde im Westen auch deswegen „neu" entdeckt, weil viele in einer „anonymen" Architektur wohnen, in der kein Austausch zwischen Planenden und Bauenden stattgefunden hat. Wir ziehen in fertige Wohnungen und Häuser, die unserem Lebensrhythmus und unseren familienspezifischen Abläufen nicht entsprechen, weil wir nie danach gefragt worden sind. Dennoch soll in diesen Wohnungen die Energie fließen, damit sich das Wesen eines Menschen – durch die Umgebung unterstützt – entwickeln kann.

Überlegen wir einmal, wie viel Zeit wir in unserer Wohnung oder unserem Büro täglich damit verbringen, uns über irgendetwas zu ärgern, das uns stört: Unordnung im Flur oder auf dem Schreibtisch, sich türmende Ablagestapel, grauenvolle Tapeten, tropfende Wasserhähne, kaputte Gegenstände, zu laute Drucker und Kopierer, Grümpel in der Wohnung und im Auto und so fort. Selbst wenn wir uns nur 5 Minuten am

Tag über all diese Dinge ärgern, sind das aufs Jahr gerechnet immerhin über 30 Stunden! Jeder sollte sich gerade die scheinbar kleinen, nebensächlichen Dinge in seiner Umgebung anschauen, in ihnen kann ein großes Potenzial stecken, uns unzufrieden zu machen.

Feng Shui fordert uns dazu auf, unsere Umgebung bewusst wahrzunehmen. Wie fühlt sich meine Kleidung an, die Klinke meiner Eingangstür, der Bezug des Stuhls, des Sofas? Was sehe ich als erstes, wenn ich meine Wohnung betrete – ist es ein freundliches, offenes Willkommen? Gibt es Platz für Gäste? Wie riecht es in den verschiedenen Räumen? Was für Licht umgibt mich? Kann ich es mir so richtig romantisch und gemütlich in meiner Wohnung machen, aber auch hell und klar, wenn ich etwas arbeiten möchte?

Erinnern wir uns: „Alles ist Energie", und alles, was uns umgibt, ist miteinander und mit dem Universum verbunden. Unser Hund besitzt lediglich eine andere Energiestruktur als unser Tisch. Alles steht somit energetisch in Beziehung zu uns selbst.

Die folgenden Seiten zeigen Ihnen, wie Sie sich Situationen bewusst machen und ändern können. Feng Shui heißt nicht, die ganze Wohnung umzuräumen und neue Dinge anzuschaffen, denn meist ist alles, was Sie benötigen, bereits vorhanden. Oft sind es nur kleine, kaum merklichen Veränderungen, die eine große Wirkung haben. Die Wirksamkeit von Feng-Shui-Maßnahmen hängt weniger von dem Objekt selbst ab, sondern mehr von der Intention, mit der es an einer bestimmten Stelle platziert wird. Je klarer Ihre Absicht, Ihr Wunsch formuliert ist, desto umfassender sind die Veränderungen, die in Ihrem Leben stattfinden werden.

▲ Ärgern Sie sich nicht, sondern ändern Sie das, was Sie ärgert.

Was die Erde uns verrät

Geomantie ist das Feng Shui der früheren Kulturen Europas. Der Begriff bedeutet „Weissagung aus der Erde".

Unsere Ahnen erkannten, dass die Bedingungen eines Landstrichs das Leben der Menschen stark beeinflusst. Unterschiedliche Landschaftsräume prägen unterschiedliche Baustile, Bräuche und Verhaltensweisen. Damals wurde genau geprüft, welche Wirkung ein Standort, die Baumaterialien, die Proportionen und Himmelsrichtungen hatten. Sowohl der Grundriss, die Lage der Räume zueinander und die Lage der Türen und Fenster, als auch die Einrichtung, Farben und Kunstobjekte wurden wohlüberlegt eingesetzt.

Wissen

Landschaften beeinflussen die Menschen

In der Geomantie geht es um das Erspüren von Landschaftsformen und deren Energiewirkungen auf den Menschen. Berggipfel wirken auf uns befreiend, enge, dunkle Täler eher bedrückend, sumpfige, morastige Wiesen düsterer als grüne, wogende Felder.

Da dieses Wissen nur unter ausgewählten Personen mündlich weitergegeben wurde, gingen bei uns viele Kenntnisse verloren. Zu dem Wissen aus dem Bürger- und Bauernstand, wie Bauernregeln oder Mondrhythmen, hat man heute noch mehr Verbindung. Allerdings haben sich durch die Klimaverschiebung viele Zusammenhänge verändert, und die überlieferten Regeln müssen nun neu und unserer gegenwärtigen Natursituation angepasst werden.

◀ Landschaften prägen Traditionen und Riten, die tief in uns verwurzelt sind.

Kraftorte verstärken Energien

Kraftorte wurden schon immer zur Verstärkung von Energien genutzt. Ein Beispiel sind die Kelten und Germanen, die spezielle, hochenergetische Kraftorte für ihre Bauten und Zeremonien auswählten. Später waren es die Bauhütten und Bruderschaften, die das Wissen um energetische Harmonie beim Bau von Kathedralen, Klöstern, Schlössern, Herrschafts- und Regierungssitzen fortsetzten und erweiterten.

Man wusste um Bereiche, die sich auf das Wohlbefinden auswirken. Negativ wirken beispielsweise Erdverwerfungen. Kreuzungspunkte von erdumspannenden Gitternetzen, wie dem Hartmann-Gitter, dem Curry-Gitter und dem Blitzgitter, haben unterschiedliche Auswirkungen. Alle genannten Bereiche beeinflussen unsere Bauten und damit unser persönliches Wohlbefinden positiv oder negativ.

- Zu den bekannten positiven Kraftorten, die auf einer Kraftlinie der Erde liegen, gehören Stonehenge oder die Menhir-Alleen von Carnac.

Vor allem Kirchen wurden bis Anfang des 18. Jahrhunderts auf Kraftorten errichtet und die dort herrschende Feldstrahlung genutzt. Bei vielen dieser Kraftorte konnte man eine Überlagerung von Gitternetzen und rechtsdrehenden Wasserläufen nachweisen. Beispiele für bewusstes geomantisches Bauen sind der Kölner und der Mailänder Dom, das Straßburger Münster, Kloster Cluny, der Buckingham-Palast sowie die Schlösser an der Loire. Auch in neuerer Zeit wurde das Wissen um Kraftorte und Kraftlinien wieder angewandt: So basieren Planungen der Gemeinde Freilassing auf alten Erkenntnissen über geomantische Strukturen.

▼ Das Eingangsportal des Kölner Doms.

GUT ZU WISSEN

Energien in Gebäuden

Feng Shui ist eine allgemein gültige Philosophie, die um den herrschenden Energiefluss weiß, um dessen Auswirkungen auf den Menschen und um die Kunst, diesen Energiefluss so zu lenken, dass er für den Menschen förderlich ist. Auch in europäischen Bauwerken gibt es viele Beispiele für die Anwendung von Feng Shui.

Wirkung der Lage

In Kirchen wurde der Altar so aufgestellt, dass sich vor ihm ein Ort der Energieaufladung befand und hinter ihm Energie abgeladen werden konnte. So erklärt sich auch der liturgische Ablauf: Der Pfarrer betritt die Kirche zum Gottesdienst und geht zunächst hinter den Altar, um dort die negativen Energien des Tages abzuleiten. Danach tritt er vor den Altar, um dort die positiven Energien des Ortes aufzunehmen. Durch Ausbreiten der Arme gibt er diese positive Energie an die Gemeindemitglieder weiter.

Auch die Ausrichtung des Hauptschiffs in Ost-West-Richtung (Symbolik: Geburt im Osten, Sterben im Westen) war ein wichtiger Planungsfaktor.

Kraftabladende und -aufladende Orte wurden auch in der Gestaltung der Altarnischen in den Seitenschiffen beachtet: In den abladenden Nischen stehen meist Sarkophage von Heiligen und Verstorbenen, in den aufladenden Nischen findet man Bittaltäre mit Votivgaben und Kerzen.

Wirkung von Bauelementen

Stabwerk: Das Stabwerk an Kirchenportalen, das nach innen führt, soll die Energie von West nach Ost lenken und sie im Chor sammeln. Zudem hat es die Aufgabe, die Aura des Eintretenden zu reinigen.

Friese: Schmuckfriese mit Mäandern oder dem Eierstabmotiv dienten dazu, energetische Schwingungen aufzulösen. So wurden die griechischen Tempel mit umlaufenden Mäanderfriesen vor schlechten Energien geschützt.

Stützen, Balken und Säulen: Auch die richtige Abstimmung von Raumhöhen, Stützen und Säulen diente dazu, die Menschen energetisch zu unterstützen. Säulen galten früher als heilig und wurden besonders ausgeschmückt. Ihre symbolische Wirkung ist die einer Zeltstange, also eines Trägers für das Dach. Ihre Wirkung ist wie die eines räumlichen, sich drehenden Energiefeldes, das Energie bündelt. Auch optisch erzielen sie eine hohe Aufmerksamkeit.

In Stützen erzeugt der aufliegende Druck Spannungen. Laborversuche haben gezeigt, dass es zu Lichtphänomenen kommen kann, wenn Stützen bis zum Bruch beansprucht werden. Stützen bündeln viel Energie, die abgeschirmt werden sollte.

Unter Deckenbalken entsteht unbewusst das (ungute) Gefühl, eine Last über dem Kopf zu haben, da hier Zug- und Druckkräfte wirken, die der Mensch spürt. Aus diesem Grund empfehlen alle Feng-Shui-Bücher, den Platz unter Balken zu meiden.

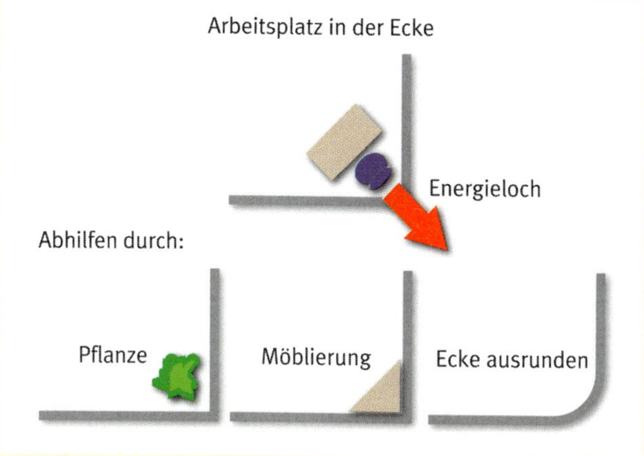

◀ Energetisch ungünstige Ecken können durch verschiedene Maßnahmen abgemildert werden.

Ecken: Durch die Reflexionen der aufeinanderstoßenden Wände entsteht in Ecken ein energetisch toter Raum, in dem der Energiefluss und somit die Lebenskraft stagniert. In der anthroposophischen Bauweise wird dieses energetische „Ping Pong" berücksichtigt: Durch das Vermeiden von rechten Winkeln kann die Energie fließen, der Raum wirkt ausgeglichener und erscheint optisch größer.

Auch im übertragenen Sinn haben Ecken eine negative Bedeutung: Jemanden „in die Ecke stellen" bedeutet, ihn aus dem sozialen Verbund auszuschließen, beispielsweise in der Schule zur Bestrafung.

Wegen der stockenden Energie in einer Ecke ist ein Arbeitsplatz dort ungünstig. Ausgerundete Ecken, Pflanzen oder andere Gestaltungselemente können den Energiemangel abmildern. Auch beim Aufräumen sollten Raumecken besonders beachtet werden, hier sammeln sich Staub, Spinnweben – und alte Energien.

Wirkung von Baumaterialien

Baustoffe wie Tonplatten, Kalkstein und Sandstein gelten seit alters her als rechtspolar und damit lebensfördernd – was moderne radiästhetische Messungen bestätigten. Deshalb brachten die Römer in das Ziegelmauerwerk ihrer Gebäude in Augenhöhe, also im Kopfbereich des Menschen, eine Schicht rechtspolaren Kalksteins ein, um die Klarheit und Gesundheit des Geistes zu fördern. Auch Nischen in dieser Höhe waren üblich. Sie wurden mit Heilkräutern bestückt, beispielsweise mit Misteln, die das natürliche Gleichgewicht wiederherstellen sollten. In der Villa des Hadrian in Rom kann man noch an enigen Stellen im Mauerwerk solche Nischen erkennen. Sie sind nur einen Stein breit und wurden je nach gewünschter Raumqualität gefüllt, beispielsweise mit Schalen, die Weihwasser oder beruhigende Lavendelessenzen enthielten.

Die Kraft des Wassers

Bereits die Kelten wussten um die Wirkung der unterirdischen Grundwasserströme. Bei radiästhetischen Ermittlungen in unserer Zeit fand man heraus, dass Grundwasserströme zu 20 % rechtspolar und zu ca. 80 % linkspolar sind (siehe auch Literatur, Seite 156).

Rechts- oder linksdrehend?

Mitte des vorletzten Jahrhunderts untersuchte der Chemiker Louis Pasteur unter dem Mikroskop Tartratkristalle. Dabei entdeckte er, dass es davon zwei Formen gab, die sich wie Bild und Spiegelbild entsprachen. Nach Trennung der beiden Formen und Auflösen in Wasser fand er heaus, dass die beiden Lösungen einen linear polarisierten Lichtstrahl im Uhrzeigersinn bzw. genau entgegengesetzt ablenkten. Pasteur postulierte, dass die Tartratkristalle „rechts- bzw. linkshändig" aufgebaut seien. Da in Nährlösungen, die überwiegend aus rechtshändigen Molekülen bestanden, bestimmte Pilze wesentlich besser wuchsen, schloss er daraus, dass rechtsdrehend lebensfördernd wirkt – denken Sie auch an den Jogurt mit der rechtsdrehenden Milchsäure aus der Werbung.

- Rechtsdrehend wirkt euphorisierend, belebend und stärkend, linksdrehend wirkt negativ auf das Wohlbefinden und hat degenerative Eigenschaften.

Energetisieren auf Römisch

Die Römer bauten kilometerlange Wasserleitungen durchs Land, um ihre Städte zu versorgen. Hierbei entstanden auch Aquädukte wie der Pont du Gard bei Nimes in Frankreich. Diese Aquädukte wurden auch dazu genutzt, das gleichförmig fließende Wasser über Stufen zu leiten und es dadurch mit Sauerstoff anzureichern. Durch die Verwirbelung und Sauerstoffanreicherung wird es rechtspolar. Daher ließen die Römer das Wasser vor der Einspeisung in ihre Häuser und Bäder über Stufen fließen, um es zu energetisieren.

◀ Lebenselixier: Sauerstoffreiches Wasser.

Das Resonanzprinzip

Alles ist miteinander verbunden – das ist die Grundlage der Wirkungsweise des Feng Shui.

Wie man in den Wald hineinruft, so schallt es heraus. Dieser Satz könnte auch für die Erkenntnisse der moderenen Quantenphysik stehen. Wir sind fortwährend in Austausch und Resonanz mit den Energien unserer Umgebung. Wie ein Magnet ziehen wir bestimmte Menschen, Ereignisse und Gegenstände in unserem Leben an.

Deutlich wird dies beispielsweise in der Partnerschaft. Nach dem Abklingen der anfänglichen Verliebtheit müssen wir in der Regel feststellen, dass die Dinge, die uns am Partner besonders stören, gerade jene Bereiche sind, in denen wir selbst unsere Schwächen haben – auch wenn sie noch so sehr im Unbewussten verborgen liegen. Betrachten Sie einmal Ihre bisherigen Partnerschaften – war es nicht so, dass sich auch beim neuen Partner nach einiger Zeit wieder ähnliche „Symptome" gezeigt haben?

„Eine innere Situation, die man sich nicht bewusst gemacht hat, taucht außen als Schicksal auf." (C. G. Jung). Deshalb verbirgt sich hinter jedem Problem die Aufforderung, ein bestimmtes Lebensthema zu bewältigen (inneres Feng Shui).

Sie sind in Resonanz mit Ihrer Umgebung

Die Einrichtung beeinflusst das energetische Gefüge eines Raumes – und damit denjenigen, der sich in diesem Raum aufhält und in ihm arbeitet: Die Wahl der Farben im Raum, das Material, die Verlegeart und das Muster des Bodens, die Art und das Muster der Stoffe; ob weiche oder kantige Formen verwendet wurden, raue oder glatte Möbeloberflächen, glatte oder wellige Vorhänge, helles, schwaches, farbiges, nach oben oder unten gerichtetes Licht, der Anteil des natürlichen Lichts, der Einfallswinkel, die Himmelsrichtung – alles hat Auswirkungen auf unsere Psyche und die Qualität unserer Arbeit.

- Jeder Stoff ist auf der Basis seiner chemischen Zusammensetzung resonanzfähig.

Da der Mensch in Resonanz mit seiner Umwelt lebt, wirkt alles, was er tut und denkt, auf ihn zurück. So spiegelt der

GUT ZU WISSEN

Eigene Energien stärken am Arbeitsplatz

Alle Gegenstände tragen energetische Informationen. Besonders an Ihrem Arbeitsplatz sollten Sie sich fragen, ob sie diese Informationen in Ihrer Umgebung haben möchten. Soll das Lieblingsbild Ihres streitsüchtigen Vorgängers weiterhin gegenüber Ihrem Schreibtisch hängen? Auch Bilder mit negativen Motiven schwächen die persönliche Energie, ebenso Farb- und Konturlosigkeit – sie erschweren entscheidungsfreudiges und zielgerichtetes Handeln. Aggression, Nervosität und Streit werden durch sichtbare Versorgungsleitungen an Wänden und Decken, durch Kabelgewirr – denken Sie an blank liegende Nerven –, offene Balkendecken sowie eckige, scharfkantige und grelle Einrichtungen gefördert.

In Büroräumen besteht zwar nicht immer die Möglichkeit, größere bauliche Veränderungen vorzunehmen, aber oft sind auch schon kleine Maßnahmen wirkungsvoll:

- Nutzen Sie die positiven Anregungsfrequenzen von Pflanzen (Mistel), Gestein (Kalkstein, Sandstein) und Edelsteinen.
- Farbiges Licht oder die richtige Farbe an den Wänden (siehe Seite 145) stärkt Energie.
- Bilder und Gegenstände, die für Sie positiv belegt sind, stärken Energien.

Ab Seite 141 finden Sie noch viele weitere Möglichkeiten, die Ihnen am Arbeitsplatz den Rücken stärken.

von uns gestaltete Raum unser Inneres wider, genauso, wie unser Inneres von der Umgebung beeinflusst wird. Die Ziele des Feng Shui beziehen sich daher auf das Außen und das Innen:

- Die Umgebung sollte so gestaltet sein, dass sich der Mensch wohl fühlt und es zu persönlichen und privaten Erfolgen kommt.
- Die Architektur der Gebäude, die Innenarchitektur der Räume, ihre Gestaltung, Farben und Einrichtung sollen den Menschen stärken, seine Vorhaben, seine Arbeit und das Entspannen unterstützen.
- Das Gebäude und die Räume sollen den Menschen das Gefühl der Sicherheit vermitteln.

Diese Maßnahmen wirken sich auf das Innere des Menschen aus, unnötiger Stress wird vermieden, und das bewusste Eingehen auf die Menschen seiner Umgebung wird gefördert (soziale Kontakte, Aufmerksamkeit, Achtsamkeit, Familie, Bekannte, Freunde, Kollegen). So können Gedanken, Empfindungen und Situationen besser wahrgenommen werden, klare Entscheidungen und bewusste Handlungen führen zu innerer Ausgeglichenheit und letztendlich zu Glück und Erfolg.

Feng-Shui dem Kulturkreis anpassen

Auch in unserem Kulturkreis gibt es das Wissen um die Wirkungsweise aller Dinge miteinander und aufeinander. Unser Verständnis und unsere Symbolik beruhen auf den Erfahrungen unserer Vorfahren und sind in den klimatischen und topografischen Bedingungen Europas entstanden. Daher ist es wichtig, mit unserem Kulturgut, unseren Symbolen und Traditionen zu arbeiten. Traditionen und kulturelle Riten wirken in uns – auch wenn es uns nicht bewusst ist und wir es nicht wahrhaben wollen. Sie gehören zu Mustern und Ritualen, die über Jahrtausende gewachsen, gedacht, gelebt und übermittelt worden sind.

Wie tief die kulturelle Symbolik sitzt, erkennt man an den Schutzengeln. Auch wenn wir nicht an Engel glauben, ist dieses Symbol für uns mit positiven Eigenschaften besetzt. Es macht also einen Unterschied, ob wir für unsere Eingangstür als Schutzsymbol einen Schutzengel oder einen Buddha wählen. Der Buddha ist zwar gerade „in", aber der Schutzengel wirkt durch seine kulturelle Verknüpfung viel tiefer.

Passen Sie Ihr gestalterisches Handeln Ihrer Umgebung an: In eine asiatisch eingerichtete Wohnung passt schwerlich ein Schaukelstuhl. In einer westlich eingerichteten Wohnung, beispielsweise mit Stilmöbeln, sieht wiederum ein grüner Drache deplatziert aus.

Noch einige Beispiele: Ihr Wohnzimmer wirkt drückend und schwer, und Sie möchten mehr Leichtigkeit in den Raum bringen, das heißt, Energie nach nach oben leiten. Nun würde die asiatische Lösung – ein Satz an der Wand befestigter Bambusflöten – eher seltsam anmuten. Besser geeignet sind Deckenstrahler und ein heller, reflektierender Farbton an der Decke.

In China bewacht der Drache das Haus, und in vielen Chinesischen Restaurants finden wir den Drachen als Schutzsymbol. Bei uns übernimmt diese Aufgabe, historisch gesehen, der Löwe. Der Drache wurde in unserer Mythologie bekämpft.

Auch Farben haben je nach Kulturkreis eine andere Bedeutung:

- Gelb ist in China die Farbe der Mitte, des Kaisers, der Göttlichkeit. Bei uns wird Gelb aber auch mit Eifersucht und Neid verknüpft. Bei einem Menschen mit der Tendenz zu Eifersucht und Neid sollte daher die Symbolik von Gelb nicht benutzt werden, sondern auf Orange und Braun ausgewichen werden.
- Grün ist in arabischen Ländern eine heilige Farbe, denn hier fehlt in der Natur das frische Grün der Pflanzen, und Erdtöne von Braun über Sandfarben bis Gelb dominieren das Farbenspektrum. Diesen hohen Stellenwert in der Farbsymbolik hat die Farbe Grün bei uns nicht.
- Weiß Ist bei uns die Farbe der Reinheit und Jungfräulichkeit (Hochzeit), in Asien ist es die Farbe der Trauer.

Analysemethoden des Feng Shui

Feng Shui beruht auf zentralen östlichen philosophischen Prinzipien, unter anderem dem Yin-Yang-Prinzip, dem Fluss der Vitalenergie Chi und den Fünf Elementen. Diese Systeme helfen dabei, den „Ist-Zustand" wahrzunehmen und durch gezielte Veränderungen im Außen, beispielsweise in der Wohnung, auch Veränderungen im Inneren herbeizuführen. Denn: Wie das Außen, so das Innen – und umgekehrt.

Die Wohnung als Person

Stellen Sie sich einfach vor, das Haus oder die Wohnung, in der Sie wohnen, ist eine Person. Der Eingang ist der Mund, die Fenster sind die Augen, die Ohren und die Nasenöffnungen. Die Flure, Treppen und Verkehrswege sind die Blutbahnen. Die Räume und Möbelstücke sind die Organe.

Wie wirkt nun diese Person von außen betrachtet? Ist sie schmuddelig oder gepflegt? Wirkt sie einladend oder abweisend? Möchten Sie gerne mit ihr zu tun haben, oder gibt es da viel auszusetzen? Wirkt sie fremd oder vertraut?

Gehen Sie durch den Haus- oder Wohnungseingang hinein und schauen Sie, was für eine Persönlichkeit, für einen Charakter diese Person Haus hat. Ist sie ordentlich oder unordentlich, ist sie kreativ, ist sie hell und freundlich oder dunkel und melancholisch, ist sie großzügig oder eng und geizig, ist sie chaotisch oder strukturiert, ist sie geradlinig oder kompliziert, ist sie detailverliebt oder lässt sie auch mal alle fünf gerade sein, ist sie nüchtern oder kokett? Neigt sie zum Sammeln und Festhalten oder zum Loslassen? Hat sie Selbstbewusstsein oder lässt sie sich von anderen reinreden?

Ihre Wohnung ist Ihr Spiegel. Denn alle Eigenschaften, die Ihre Wohnung hat, bringen Sie mit und geben sie in die Wohnung hinein. Dieses Prinzip gilt bis in das kleinste Detail und bis ins Innere. Wie sieht Ihr Schreibtisch aus, wie steht es mit dem Inneren der Schränke und Schubladen oder dem Kühlschrank?

Nicht von ungefähr gefällt Ihnen ein bestimmtes Möbel, bestimmte Farben und bestimmte Gegenstände, die Sie zusammentragen und bei sich horten. Und genau das macht Sie und Ihre Wohnung aus. Ihr Nachbar und jeder andere Mensch wird sich wiederum für ganz andere Dinge entscheiden – oder sie zumindest auf eine andere Art kombinieren als Sie. Für ein geschultes Auge spricht eine Wohnung Bände.

Wenn Ihre Wohnung voll gestopft ist – egal ob mit Nützlichem oder Plunder – sind die Versorgungswege versperrt. Das ist wie eine verstopfte Nase oder verkalkte Arterien beim Menschen: Der Organismus wird nicht mehr richtig versorgt. Gesundheitliche Probleme lassen dann nicht lange auf sich warten. Diese müssen sich nicht unbedingt auf körperlicher Ebene niederschlagen. Auch in seelischen und emotionalen Blockaden und Verwirrtheit kann sich Verstopfung oder Chaos im Körper und – analog dazu – in der Wohnung äußern.

Die Art der (Un-)Ordnung in der Wohnung, wie sie gepflegt ist und auch die (energetische) atmosphärische Ausstrahlung sind von einer ganz bestimmten Art, die man spüren kann. Schon oft habe ich erlebt, dass Wohnungen von depressiven Menschen diesen Seelenzustand exakt widerspiegeln. Man hat hier oft den Eindruck, dass Dinge begonnen wurden und dann aus Antriebsmangel nicht fertig gemacht werden konnten. Man sieht die Mühe, die hinter den Handlungen steht, an der Art der Vernachlässigung, die sich überall bemerkbar macht. Depressive Menschen sind oft nicht mehr in der Lage, gründlich sauberzumachen, ordentlich aufzuräumen oder ihren Schriftverkehr auf die Reihe zu bringen, weil ihnen das energetische Moment des Anpackens und dann das Durchhaltevermögen fehlt. So fand ich in der Wohnung einer – auf den ersten Blick elegant angezogenen und nach außen souverän wirkenden, jedoch depressiven Frau – unter wertvollen, aber klebrigen Möbeln jahrealten Staub. Ein feiner Fettfilm überzog die Küchenoberflächen und war auch noch auf dem Geschirr in der Anrichte zu finden. Beim näheren Hinsehen entpuppte sich die Wohnung und ein Großteil der Kleidung als nur oberflächlich „in Ordnung". In depressiven Phasen versuchte die Frau zwar, Ordnung zu halten, was ihr aber durch ihre Kraftlosigkeit kaum möglich war.

Mithilfe der philosophischen Prinzipien, auf denen Feng Shui beruht, kann der energetische Zustand der Wohnung – und damit der Zustand der Person, die in dieser Wohnung lebt – analysiert werden: Kann die Energie (Chi) fließen? Oder fließt sie gar zu schnell und die Bewohner sind nervös und gereizt? Macht ein Zuviel an Yin müde, depressiv und antriebslos? Fördert die Einrichtung Kreativität und Harmonie? Oder wird das Schutzbedürfnis missachtet und die Bewohner fühlen sich wie auf einem Präsentierteller? Wirken die Farben kühl oder warm und anregend? Alle diese Äußerlichkeiten wirken sich auf das innere Befinden der Bewohner aus. Mit geeigneten Maßnahmen, die wir Ihnen in diesem Kapitel vorstellen, können Sie Ihre Umgebung so einrichten, dass auch Ihr Innenleben davon profitiert.

Um etwas im Inneren zu verändern, muss zunächst der Ist-Zustand der Umgebung analysiert werden. Hierbei geht man von außen nach innen vor:

- Welchen Eindruck macht das Gebäude außen?
- Wie sehen Eingangstür, Eingangsbereich, Treppenhaus, Diele und Flur aus?
- Ist genügend Licht vorhanden?
- Herrscht Ordnung oder Chaos, ist es sauber oder schmuddelig?
- Wo liegen die Räume?
- Wie sind sie möbliert und gestaltet?
- Stärken die Räume den Menschen, werden die Prinzipien der Stärkung (starker Rücken, energiespendende Aussicht) beachtet?

◀ Kühl, verspielt, konservativ, funktional? Eine Wohnung sagt viel über die Bewohner aus.

Yin und Yang – das Gleichgewicht

Um Glück, Gesundheit und harmonische Beziehungen zu erreichen, müssen Yin und Yang innen und außen im Gleichgewicht sein.

Nach der chinesischen Philosophie haben Yin und Yang einen gemeinsamen Ursprung. Yin und Yang treten stets gemeinsam auf, niemals isoliert. Das Spannungsfeld, das zwischen diesen beiden Polen besteht, bringt die enorme Vielfalt der Erscheinungen hervor, einschließlich des gesamten materiellen Universums.

Das Prinzip der Polarität

Zunächst waren Yin und Yang vermutlich geografische Zuordnungen, wobei Yin die kältere, nach Norden weisende Seite eines Hügels bezeichnete und Yang die wärmere, nach Süden weisende. Nach und nach wurde Yang mit Sonnenlicht, Helligkeit und Wärme und Yin mit Schatten, Dunkelheit und Kälte verbunden. Mit der Zeit wurden die Begriffe immer abstrakter. So stellt Yang das männliche, aktive, zeugende, schöpferische, lichte Prinzip, Yin das weibliche, passive, empfangende, hingebende, verhüllende Prinzip dar. Beide Prinzipien ergänzen sich.

Das chinesische Yin & Yang-Zeichen symbolisiert die Polarität. Yang, das weiße Energiefeld, enthält einen kleinen dunklen Kern, der Yin darstellt, und das dunkle Energiefeld Yin enthält einen kleinen weißen Kern, der Yang darstellt. Es zeigt uns, dass in jeder Qualität der Kern der Gegenqualität

◄ Das Yin & Yang-Zeichen, eingelassen in einen Bodenbelag.

enthalten ist. Jedes Ding hat sowohl Yin- als auch Yang-Anteile, nur eben in unterschiedlichen Verhältnissen.

Zwischen Yin und Yang besteht ein ständiger Energieaustausch. Auf die Aktivität folgt die Stille, auf den Sommer der Winter, auf den Tag die Nacht. Beide Kräfte sind einzigartig, aber untrennbar miteinander verbunden. Es gibt noch mehr Entsprechungen, von denen einige in der Tabelle rechts dargestellt sind.

- Yin und Yang sollten immer gut ausbalanciert sein, denn sonst verschafft sich das Übermaß des einen ein meist unwillkommenes Ventil für den Ausgleich. Das könnte sich in einer Krankheit oder einem psychischen Unwohlsein äußern.

Entsprechungen von Yin und Yang

Yin	Yang
weiblich	männlich
Körper	Seele
Nacht	Tag
Mond	Sonne
kalt	warm
dunkel	hell
weich	hart
schwer	leicht
feucht	trocken
zusammengezogen	ausgedehnt
trüb	rein
reagierend	agierend
aufnehmend	eindringend
unten	oben
hinten	vorn

Yin und Yang in Ihrer Umgebung

Sie können sehr schnell einen Raum und seine Wirkung auf die Bewohner beurteilen, wenn Sie sich das Prinzip von Yin und Yang bewusst machen. Hat ein Raum zuviel Yang, wird man hektisch, zerstreut oder aggressiv. Hat er zuviel Yin, neigt man zu Müdigkeit, Unentschlossenheit und Antriebsschwäche. Sind die Elemente ausgeglichen in Bezug auf das, was man in dem Raum tut, fühlt man sich wohl und unterstützt.

Yang-geprägte Räume

Yang-Räume sind sehr hell, fast schon grell. Es überwiegen harte, glatte Materialien, wie glatte Fliesen- und Steinböden oder Linoleum, kühle Materialien wie Stahl, Stein und Glas in Verbindung mit glatten Oberflächen der Möbel (Ledermöbel, Sitzmöbel aus Stahl). Ebenso kann ein Übermaß an reinen Rot-, Orange- und Gelbtönen das Yang stark betonen.

- In einem Raum mit Yang-Betonung haben wir das Gefühl, die Energie fließt schnell.

Denken Sie an die Meister-Proper-Werbung: Bodenfliesen und Küchenschränke blinken und glänzen wie Eisflächen, so richtig zum Darübergleiten. Das ist schnell fließende Energie.

Auch zu viele Möbel und Gegenstände in einem Raum oder aggressive Dekorationen gehören in den Yang-Bereich. All das macht unruhig, unkonzentriert, aggressiv, verursacht Kopfschmerzen, emotionale Probleme sowie Temperamentsausbrüche.

Bei zu vielen Glasflächen und bei Fensterfronten, die bis an den Boden reichen, hat man das Gefühl von Haltlosigkeit. Die Energie fließt ungebremst aus dem Raum. Spüren Sie nach, es fühlt sich unangenehm an, hier zu sitzen oder zu arbeiten. Man meint, es zieht, man fühlt sich beobachtet.

Ein gutes Beispiel für Yang-Dominanz sind Fast-Food-Restaurants. Die Absicht des Betreibers ist: Reinkommen, Essen, Gehen. Hier findet schnelles Geschäft statt, keine gemütliches Plauderstündchen. Ein Yin-dominiertes Restaurant mit dekorativen Stoffen, warmen Materialien, angenehmem Licht und schön mit Tischdecken gedeckten Tischen lädt da eher zum Verweilen ein.

Yin-geprägte Räume

Yin geprägte Räume sind dunkel, haben schwere Möbel, riechen eventuell feucht, haben kleine Fenster und damit zu wenig Licht und Sauerstoff. Dunkelheit, Feuchtigkeit und Sauerstoffmangel verursachen Konzentrationsmangel, Energielosigkeit, Depression, Müdigkeit und Pessimismus.

So bringen Sie Ihre Wohnung ins Gleichgewicht

Feng Shui arbeitet mit dem vereinheitlichenden Prinzip. Eine Situation hat immer 100 %. Diese 100 % teilen sich Yin und Yang jeweils in einem bestimmten Verhältnis.

- Die harmonischste Gewichtung ist 50 % Yin und 50 % Yang.

Je mehr Anteile beispielsweise Yang hat, desto stärker wirken auf uns die Yang-Energien. Ein Übermaß an Yang-Elementen in einem Raum (große Glasflächen, glatte Oberflächen, spiegelnder Boden) wirken auf uns sehr stark aktivierend. Das kann für gewisse Tätigkeiten erwünscht sein, aber auch zu innerer Unruhe und Hektik führen. Yin-

Yin und Yang in ihre Entsprechungen in der Wohnumgebung

Yin	Yang
Schlafzimmer	Wohnzimmer, Esszimmer, Küche
dunkle Einrichtung	helle Einrichtung
runde, geschwungene Formen (abgerundet, oval, wellig)	gerade, geometrische Formen (spitz, zackig, kantig, eckig, linear)
dezente, kühlende Farben (Grün, Blau, Pastelltöne)	warme, intensive Farben (Rot, Orange, Gelb)
gedämpfte Beleuchtung, indirektes Licht	helle Beleuchtung, direktes Licht
offenporige, raue, griffige Materialien (Stoffe, Papier, Holz, Sisal, Teppichboden, Linoleum, Kork)	glatte, glänzende Materialien (Metall, Chrom, Glas, Marmor, Granit, polierter und unpolierter Stein, Steinzeug, Fliesen, Keramik, poliertes Hartholz
Dekorationen mit ruhigen und symbolhaften Darstellungen	Dekorationen mit dynamischen oder aggressiven Motiven
entspannte Atmosphäre, Planung, Bücher, offener Raum	Hektik, Kommunikation, Technik, Elektronik, feste Strukturen
Weichholzmöbel, Lampenschirme aus Papier, Polstermöbel, Kissen, Vorhänge	Metallmöbel, Hartholzmöbel, Glastische, Glasregale
rechte Raumseite (von innen mit Blick zur Tür)	linke Raumseite (von innen mit Blick zur Tür)

Elemente können dies ausgleichen: Alleine schon das Auslegen eines großen Teppichs, der den dominierenden Eindruck des spiegelnden Bodens dämpft, bringt eine ruhigere Atmosphäre in den Raum.

Oder umgekehrt – in einem Raum überwiegt das Yin: gestreifte Stofftapete, dunkelblauer Teppichboden, große, schwere Möbel, massive, dunkel gemusterte Sitzmöbel, schwere, dunkle Vorhänge an den Fenstern, dazu eine breit wachsende Grünpflanze und gedämpftes Licht. Hier kämpft man mit Müdigkeit und Antriebslosigkeit. Mehr Leichtigkeit bekommt der Raum, wenn man die Yang-Anteile erhöht und zum Beispiel helle, leichte Vorhänge anbringt sowie mit Wandleuchten oder einem Deckenstrahler für aufsteigendes Licht sorgt.

Chi – die Energie

Alle Dinge sind unterschiedliche Erscheinungsformen der Vitalenergie Chi – sie durchströmt die Lebewesen und den Raum.

Es fällt heutzutage schwer, mit dieser Annahme umzugehen, da diese Energie weder lückenlos nachgewiesen noch mit technischen Instrumenten gemessen werden kann. Mittlerweile gibt es allerdings viele Untersuchungen von Wissenschaftlern, die Komponenten der Vitalenergie Chi und deren Auswirkungen nachweisen.

Wenn wir uns alle bisherigen Hochkulturen der Erde anschauen, stellen wir fest, dass diese Vitalenergie bekannt war und für das Wohlergehen eingesetzt wurde. In der Traditionellen Chinesischen Medizin wird dieses Wissen in der Heilmethode der Akupunktur, einer der ältesten Behandlungsmethoden der Menschheit, angewandt. Sie geht davon aus, dass die Energie im Menschen entlang der Meridiane, der Energieleitbahnen, verläuft. Ungleichgewichte oder Blockaden im Energiestrom der Meridiane sind die Hauptursachen von Organstörungen und deren Symptomen. Mit blockiertem, zu schnellem oder zu langsamem Energiefluss in den Energieleitbahnen wird die Organtätigkeit vermindert oder geschwächt, was zu gesundheitlichen Beschwerden führt.

Nicht nur in den Lebewesen fließt die Vitalenergie Chi, sie durchströmt auch den Raum. Und beide Energien beeinflussen sich gegenseitig. Das bedeutet, die Körperenergie und die Raumenergie vermitteln sich gegenseitig ihre jeweiligen Qualitäten.

Feng Shui befasst sich mit dem Energiefluss und den vorherrschenden Schwingungen in Gebäuden und Räumen. Feng-Shui-Anwendungen helfen, den Energiefluss in der Umgebung zu verbessern – genauso, wie die Akupunktur beim Menschen wirkt. Stimmt der Chi-Fluss in Ihnen und Ihrer Umgebung, hat das positive Auswirkungen auf die Abwehrfähigkeit Ihres Immunsystems. Sie sind gesundheitlich widerstandsfähiger. Auch Ihre psychische Stabilität wird unterstützt. Sie sind weniger stressanfällig, Lärm und Hektik bringen Sie weniger aus der Ruhe und auch Ihre Fähigkeit zur Abgrenzung gegenüber Anforderungen von Anderen und Ihr Selbstbewusstsein werden gestärkt.

- Je harmonischer der Chi-Fluss in einem Raum, desto leistungsfähiger und gesünder fühlen sich die Menschen darin.

Wissen

Harmonie für das ganze Leben

Ein harmonischer Energiefluss im Gebäude bedeutet:

- größere Leistungsfähigkeit
- größere Konzentrationsfähigkeit
- größere Stresstoleranz
- bessere Entspannung
- mehr Kreativität
- harmonische Beziehungen zum Partner, zu Kindern, Mitbewohnern und Kollegen
- Unterstützung des persönlichen Wohlbefindens

Daraus folgt:

- Erfolg und Wohlstand durch kreative Ideen und erfolgreiche Umsetzung
- innere Ausgeglichenheit und Gesundheit

Dies wiederum zieht beispielsweise im beruflichen Rahmen Erfolg und Effizienz nach sich, da die Mitarbeiter sich unterstützt und wertgeschätzt fühlen. Im privaten Umfeld unterstützt es Ausgeglichenheit, Entspannung und das Miteinander in der Familie.

Versuchen Sie sich einmal bildhaft vorzustellen, wie die Vitalenergie Chi durch Fenster und Türen in das Haus und die Räume gelangt und welche Wirkungen unterschiedliche Oberflächen haben:

Wie eine feine Brise fließt Chi durch das geöffnete Fenster durch die Wohnung. Es schlängelt sich in Bodennähe durch die Räume, streift an den Möbeln entlang und frischt die Atmosphäre auf. Gerät sie in einen langen Gang, an dessen Ende womöglich eine Tür offen steht, oder in einen Raum, in dem offene Fenster oder Glasflächen bis zum Boden reichen, gewinnt sie an Geschwindigkeit und wird zum mehr oder minder starken Durchzug – es „zieht". Strömt dieser stärkere Luftzug dann auch noch über eine glatte Fußbodenfläche, wird die Strömungsgeschwindigkeit noch schneller. Nun stellen Sie sich stattdessen einen Teppichboden vor und spüren nach, wie sich der Luftzug dann verhält.

▲ Chi fließt wie ein Lufthauch durch alle Räume.

Sha Chi – Energiepfeile rauben Energie

Sha Chi ist die mangelnde, fehlgelenkte, stagnierende oder beschleunigte Vitalenergie Chi. Ein gutes Beispiel hierfür sind innen liegende, ungelüftete Räume. Hier zirkuliert keine Frischluft, es fühlt sich dumpf und schwer an. Auch herumstehendes Gerümpel oder Abfall jeglicher Art bremst den Energiefluss und „vergiftet" die Umgebung. Alle Dinge, die das Nervensystem stark belasten, wie Lärm, starke Gerüche, Rauch oder Elektrosmog, beeinträchtigen die Vitalenergie und somit unser Wohlbefinden. Kopfschmerzen, Müdigkeit, verminderte Leistungs- und Konzentrationsfähigkeit bis hin zu körperlichen Beschwerden sind die Folge.

Wie Bremsklötze wirken verstellte Flure, Dielen und Eingänge. Sie bremsen den stetigen Strom der Vitalenergie, der ins Haus fließen soll. Auch wenn Sie das Gefühl haben, ständig in einem Durchzug zu sitzen – ein Fall von beschleunigtem Chi –, raubt Ihnen das Konzentration und kann zu gesundheitlichen Problemen führen.

Wissen

Auswirkungen von Sha Chi

- Unruhe, man findet keine Entspannung
- Aggression
- mangelnde Arbeitsleistung
- verminderte Konzentrations- und Leistungsfähigkeit
- hohe Fehlerquoten
- Müdigkeit
- erhöhter Stress
- Kopfschmerzen

An Möbel- und Tischkanten entstehen energetische Verwirbelungen (stellen Sie sich zwei Luftströme vor, die aus unterschiedlichen Richtungen aufeinander treffen). Trifft dieser „schneidende" Energiestrom auf uns, durchschneidet er wie ein Pfeil unsere Aura, also das uns umgebende Energiefeld, und schwächt uns.

Das alte Wissen um energetische Auswirkungen ist auch in einigen Sprichwörtern zu finden. Im Schwäbischen heißt es zum Beispiel: „Sitzt man an der Ecke eines Tisches, bekommt man eine böse Schwiegermutter" – die Tischecke mit ihrer schneidenden Energie ist ein Synonym für Ärger in (Familien-) Beziehungen. „Jemandem etwas zwischen Tür und Angel sagen" bedeutet: Etwas im Vorbeigehen mit wenig Nachdruck mitteilen – das Gesagte fließt regelrecht weg und wird schnell vergessen.

Das können Sie gegen Energiepfeile tun

In der Umgebung

Gerade Straßen und Wege, Durchgänge, Treppen und Brücken, die direkt auf ein Gebäude zuführen. Hier wird der Energiefluss beschleunigt und ausgerichtet. Diesen Beschleunigungseffekt kann man gut in den breiten Schneisen der Fußgängerzonen spüren. Hier pfeift der Wind durch. Erst durch den geometrischen Planungs- und Baustil der Menschen haben wir in unserer direkten Umwelt mit diesen Phänomenen zu tun. In der Natur werden die Energieströme durch geschwungene Strukturen gelenkt. Wir können Abhilfe schaffen, indem wir für eine geschwungene Wegeführung sorgen. Auch durch entsprechende Bodengestaltung und sorgfältige Materialwahl kann die Vitalenergie gelenkt werden. Zudem helfen Pflanzen und Möbel, die am richtigen Ort aufgestellt sind.

Gebäudeecken und Kanten aller Art, die direkt auf uns gerichtet sind. Hier kann man mit Pflanzen, Bäumen oder aufgestellten Kunstobjekten den Energiestrom lenken.

Unbewegtes, trübes Wasser. Hier stagniert die Vitalenergie, und Bakterien und Ungeziefer nisten sich ein – beispielsweise in einem vernachlässigten Gartenteich. Sorgen Sie für sauberes und bewegtes Wasser.

▲ Moderne Architektur wirkt häufig „schneidend" und abweisend.

Friedhöfe. Hier strahlt die Energie des Zerfalls und Auflösens in die Umgebung ab und schwängert die Atmosphäre. Auch wenn man das nicht riechen kann, so registriert doch das Unterbewusstsein diese Atmosphäre. Längeren Aufenthalt in dieser Umgebung meiden.

Stromleitungen, Trafohäuser, Umspannstationen, Sendemasten, Bahngeleise. Hier ist die Luft elektromagnetisch und elektrostatisch aufgeladen, daher sollte man hier längeren Aufenthalt ebenfalls meiden.

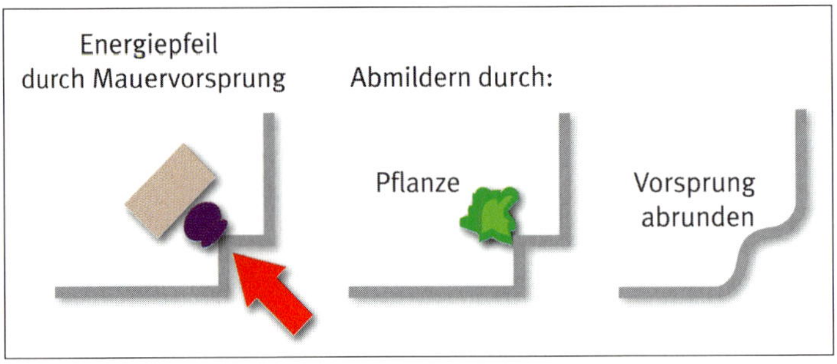

◀ Kanten lassen sich durch verschiedene Maßnahmen abmildern.

In Wohnung und Büro

Ecken und Kanten oder spitze Gegenstände, die direkt auf uns gerichtet sind. Pflanzen oder Möbeln vor diese Kanten stellen. Damit dieses Problem erst gar nicht entsteht, sollten Möbelkanten möglichst abgerundet sein.

Lange Flure. Hier kann mit geschwungener Boden- und Wandgestaltung Energie gelenkt werden. Ebenso mit versetzt aufgehängte Bildern oder Wandlampen und Beleuchtungskörpern, die den Blick führen.

Energiedurchzug. Liegen Fenster und Tür oder Fenster und Fenster einander direkt gegenüber, kann man die zu schnell fließende Energie lenken mit Pflanzen, Rollos, Vorhängen, Jalousien oder entsprechend positionierten Möbeln und Raumteilern. Wer es mag, kann auch Kristalle ins Fenster hängen. Diese müssen fehlerfrei, gut geschliffen und sauber sein, sonst wird die falsche Information in den Raum gespiegelt.

Treppen. Treppen mit offenen Stufen sollten möglichst vermieden werden. Falls sie nicht zu umgehen sind, spielt die Beschaffenheit der Trittfläche eine große Rolle. Bremsende Materialien wie Holz und Teppich sollten zum Einsatz kommen. Glatter, polierter Stein beschleunigt die Energie und sorgt für Verunsicherung; hier empfiehlt es sich, wegen der Rutschgefahr eine Gummilippe einzulassen.

Elektrische Geräte. Wenn Sie sie gerade nicht benötigen, schalten Sie elektrische Geräte in Ihrer unmittelbarer Nähe besser aus statt in den Stand-by-Modus. Das spart Kosten und minimiert die elektrostatischen Felder in Ihrer Umgebung – auch wenn diese noch so gering sind. In Räumen mit erhöhtem Elektrosmog viel lüften und Pflanzen wie Adlerfarn, Yuccapalme oder Dieffenbachie aufstellen.

Innen liegende Räume mit schlechter Belüftung. Hier kann man die Energie mit guter Beleuchtung, Spots oder

Lichtspielen auffrischen. Licht ist Energie und für uns ein Symbol für Vitalität, Reichtum und Sicherheit. Auch Wasser, in Form eines plätschernden Zimmerbrunnens oder – in der schwächeren Form – als Bild, suggeriert unserem Unterbewusstsein Frische. Falls möglich, empfiehlt sich der Einbau eines Ventilators oder einer stärkeren Lüftung.

Energetisch schlecht versorgte Räume, die sich dumpf anfühlen, können unter anderem auch mit beweglichen Dekorationsobjekten in Verbindung mit Licht vitalisiert werden (siehe Seite 118 f).

Sanitäreinrichtungen. Hier sollte für absolute Sauberkeit, Helligkeit und möglichst glatte Materialien gesorgt werden. Eine Raumbeduftung mit reinen ätherischen Ölen oder auch kräftige Farbtupfer durch Accessoires frischen die Energie auf. Innen liegende Bäder benötigen eine effektive Belüftung, um stagnierende Energie und Schimmelbildung zu vermeiden.

- Neben Aufräumen und Ausmisten beeinflussen auch folgende Maßnahmen die Energie in Ihrer Wohnung positiv:

GUT ZU WISSEN

So können Sie Energien in Gebäuden auffrischen und lenken

Das hilft immer:

- Ausmisten
- Strukturieren
- täglich Aufräumen
- Lüften
- Unerledigtes nicht vor sich her schieben – das bindet Energien

So können Sie das Chi auffrischen:

- Licht, Lichtspiele, helle Spots
- bewegliche (auch elektrische) Dekorationsobjekte, Mobiles
- Wasserobjekte, Zimmerbrunnen
- frische Pflanzen, Blumen, künstliche Pflanzen, Stoffblumen (nur wenn es für lebende Pflanzen zu dunkel ist)
- Raumbeduftung mit reinen ätherischen Ölen
- Klangspiele, Klangobjekte
- Bilder, Poster mit Motiven von Pflanzen und Wasser
- farbige Wände, Accessoires und Einrichtungsgegenstände (je nach Element oder Himmelsrichtung)

So können Sie das Chi lenken:

- Licht
- Bilder
- versetzte Anordnung von Beleuchtungskörpern und Bildern
- geschwungene Boden- und Wandgestaltung
- richtige Platzierung von Möbeln, Stellwänden, Raumteilern und Pflanzen
- Spiegel
- bewusste Auswahl von Oberflächen (grob, offenporig – fein, glatt)

Fünf Elemente – die Persönlichkeit

Alle Phänomene des Lebens werden nach östlicher Philosophie fünf Energien zugeordnet, die durch Elemente symbolisiert werden.

Dieses Klassifikationsystem hilft dem Menschen zu verstehen, wer er war, wer er ist und warum er sich auf bestimmte Art verhielt oder verhält. Mit Hilfe dieses Systems können Sie Zustände des Ungleichgewichts in Ihrem Körper und Ihrer Seele erkennen und beheben.

▮ Das Ziel ist, immer mehr der Mensch zu werden, der Sie wirklich sind.

Hierbei ist es zunächst wichtig, sich so zu akzeptieren, wie man ist. Wenn Sie sich selbst achten, können Sie am leichtesten Ihre Persönlichkeit entfalten und an Ihren Schwächen arbeiten. Auf jeden Fall gilt: Eher Stärken fördern als Schwächen bekämpfen.

Die fünf Elemente stehen in Beziehung zueinander und beeinflussen sich gegenseitig. Jedes Element nährt das folgende (Nährender Zyklus, Mutter-Kind-Zyklus) und jedes Element kontrolliert das übernächste in seiner Energie (Kontrollzylus, Großmutter-Enkelkind-Zyklus). Ist ein Element stärker als alle übrigen, dann zieht dies ein Ungleichgewicht nach sich: Die energetische Balance ist gestört.

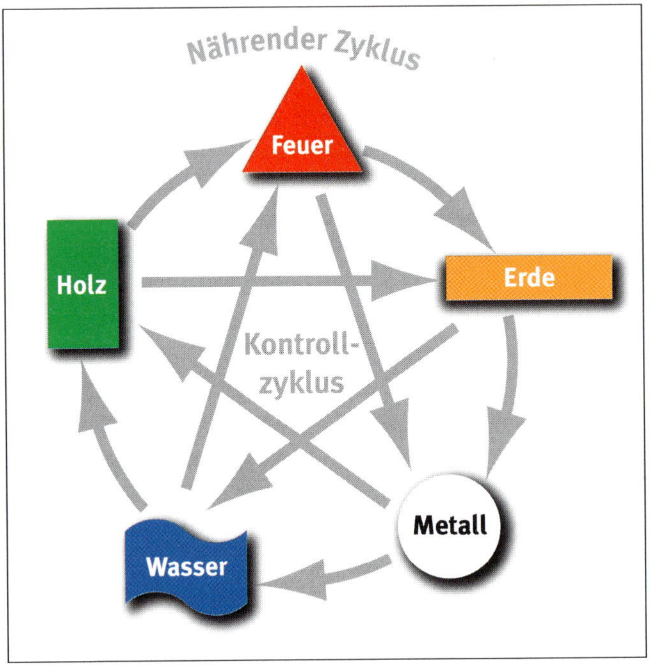

◀ Nähr- und Kontrollzyklus der fünf Elemente.

Jeder Mensch vereint in sich Anteile aller fünf Elemente. Je nach Persönlichkeit sind aber einzelne Aspekte stärker oder schwächer ausgeprägt.

Wenn Sie wissen, welches Element Sie sind, lernen Sie, sich und Ihre Mitmenschen besser zu verstehen. Sie erkennen, in welchen Bereichen Sie mit Ihrem Partner oder Ihren Mitmenschen gut harmonieren und wo die Konfliktebenen sind. Zudem können Sie Ihre Umgebung mit Hilfe der Formen, Materialien und Farben des Elements für sich positiv und unterstützend gestalten.

Das persönliche Element

Die persönlichen Elemente beruhen auf dem chinesischen astrologischen Neun-Sterne-System und werden mithilfe des Geburtsdatums ermittelt (siehe folgende Doppelseite). Das Ergebnis sind drei Zahlen, durch die Archetypen repräsentiert werden, also Urbilder menschlicher Verhaltensmuster. Diese Zahlen geben einen Überblick über die wichtigsten Aspekte der Persönlichkeit, über Anlagen, Stärken, Schwächen und innere Bedürfnisse. Sie weisen auf Tendenzen hin, die bei jedem Menschen individuell ausgeprägt sind. Die erste Zahl dient zur Orientierung. Die beiden anderen Zahlen sind wie kleine Stellschrauben zur Feinjustierung und ergänzen das Persönlichkeitsprofil.

Bedeutung der 1. Zahl: Bei Erwachsenen entspricht die *äußere* Zahl dem Element, das im täglichen Leben am stärksten hervortritt. Sie steht für das soziale Verhalten und das Handeln nach außen. Sie beschreibt die wesentlichen Charaktereigenschaften und wie Sie Ihren Beruf und Ihre Sexualität leben.

Bedeutung der 2. Zahl: Die *innere* Zahl beschreibt, „woher Sie kommen“, die Anlagen, die Sie mitbringen, und Ihre innersten Beweggründe. Sie drückt die innere Haltung aus, mit der Sie etwas „aus dem Gefühl heraus“ tun, auch wenn der Verstand dagegen spricht. Sie beschreibt sozusagen Ihre innere, spirituelle Natur und dient zur Feinabstimmung.

Bedeutung der 3. Zahl: Die *energetische* Zahl hilft einzuschätzen, wie man auf andere wirkt und wie man sich nach außen hin gibt. Sie beschreibt Ihre Maske, Ihre Strategie, die Sie anwenden, um sich zu schützen.

Frauen und Männer haben unterschiedliche Tabellen, denn nach dem Yin- und Yang-Prinzip ist der Energiefluss männlich-weiblich gegensätzlich.

Neun-Sterne-Tabelle für Frauen

So ermitteln Sie Ihre dreiteilige 9-Sterne-Zahl: Folgen Sie der Spalte, in der Sie Ihr Geburtsdatum finden, nach unten.

Wichtig!
Die Tabellen beruhen auf dem chinesischen Kalenderjahr, das mit unserem 4. Februar beginnt. Wenn Sie also im Zeitraum vom 1.1. bis 4.2. geboren sind, müssen Sie im Jahr *davor* schauen: Wenn Sie beispielsweise am 1.2.1965 geboren sind, schauen Sie in der Jahresspalte 1964. Die Spalte des Geburtsmonats bleibt gleich.

	1905	1906	1907	1908	1909	1910	1911	1912	1913
	1914	1915	1916	1917	1918	1919	1920	1921	1922
	1923	1924	1925	1926	1927	1928	1929	1930	1931
	1932	1933	1934	1935	1936	1937	1938	1939	1940
	1941	1942	1943	1944	1945	1946	1947	1948	1949
	1950	1951	1952	1953	1954	1955	1956	1957	1958
	1959	1960	1961	1962	1963	1964	1965	1966	1967
	1968	1969	1970	1971	1972	1973	1974	1975	1976
	1977	1978	1979	1980	1981	1982	1983	1984	1985
	1986	1987	1988	1989	1990	1991	1992	1993	1994
	1995	1996	1997	1998	1999	2000	2001	2002	2003
	2004	2005	2006	2007	2008	2009	2010	2011	2012
	1	**2**	**3**	**4**	**5**	**6**	**7**	**8**	**9**
	Wasser	**Erde**	**Holz**	**Holz**	**Erde**	**Metall**	**Metall**	**Erde**	**Feuer**
4.2. bis 5.3.	1·7·8	2·4·3	3·1·7	4·7·2	5·4·6	6·1·1	7·7·5	8·4·9	9·1·4
6.3. bis 4.4.	1·8·7	2·5·2	3·2·6	4·8·1	5·5·5	6·2·9	7·8·4	8·5·8	9·2·3
5.4. bis 5.5.	1·9·6	2·6·1	3·3·5	4·9·9	5·6·4	6·3·8	7·9·3	8·6·7	9·3·2
6.5. bis 5.6.	1·1·5	2·7·9	3·4·4	4·1·8	5·7·3	6·4·7	7·1·2	8·7·6	9·4·1
6.6. bis 7.7.	1·2·4	2·8·8	3·5·3	4·2·7	5·8·2	6·5·6	7·2·1	8·8·5	9·5·9
8.7. bis 7.8.	1·3·3	2·9·7	3·6·2	4·3·6	5·9·1	6·6·5	7·3·9	8·9·4	9·6·8
8.8. bis 7.9.	1·4·2	2·1·6	3·7·1	4·4·5	5·1·9	6·7·4	7·4·8	8·1·3	9·7·7
8.9. bis 8.10.	1·5·1	2·2·5	3·8·9	4·5·4	5·2·8	6·8·3	7·5·7	8·2·2	9·8·6
9.10. bis 7.11.	1·6·9	2·3·4	3·9·8	4·6·3	5·3·7	6·9·2	7·6·6	8·3·1	9·9·5
8.11. bis 7.12.	1·7·8	2·4·3	3·1·7	4·7·2	5·4·6	6·1·1	7·7·5	8·4·9	9·1·4
8.12. bis 5.1.	1·8·7	2·5·2	3·2·6	4·8·1	5·5·5	6·2·9	7·8·4	8·5·8	9·2·3
6.1. bis 3.2.	1·9·6	2·6·1	3·3·5	4·9·9	5·6·4	6·3·8	7·9·3	8·6·7	9·3·2

Neun-Sterne-Tabelle für Männer

	1901	1902	1903	1904	1905	1906	1907	1908	1909
	1910	1911	1912	1913	1914	1915	1916	1917	1918
	1919	1920	1921	1922	1923	1924	1925	1926	1927
	1928	1929	1930	1931	1932	1933	1934	1935	1936
	1937	1938	1939	1940	1941	1942	1943	1944	1945
	1946	1947	1948	1949	1950	1951	1952	1953	1954
	1955	1956	1957	1958	1959	1960	1961	1962	1963
	1964	1965	1966	1967	1968	1969	1970	1971	1972
	1973	1974	1975	1976	1977	1978	1979	1980	1981
	1982	1983	1984	1985	1986	1987	1988	1989	1990
	1991	1992	1993	1994	1995	1996	1997	1998	1999
	2000	2001	2002	2003	2004	2005	2006	2007	2008
	9	**8**	**7**	**6**	**5**	**4**	**3**	**2**	**1**
	Feuer	**Erde**	**Metall**	**Metall**	**Erde**	**Holz**	**Holz**	**Erde**	**Wasser**
4.2. bis 5.3.	9·5·9	8·2·2	7·8·4	6·5·6	5·2·8	4·8·1	3·5·3	2·2·5	1·8·7
6.3. bis 4.4.	9·4·1	8·1·3	7·7·5	6·4·7	5·1·9	4·7·2	3·4·4	2·1·6	1·7·8
5.4. bis 5.5.	9·3·2	8·9·4	7·6·6	6·3·8	5·9·1	4·6·3	3·3·5	2·9·7	1·6·9
6.5. bis 5.6.	9·2·3	8·8·5	7·5·7	6·2·9	5·8·2	4·5·4	3·2·6	2·8·8	1·5·1
6.6. bis 7.7.	9·1·4	8·7·6	7·4·8	6·1·1	5·7·3	4·4·5	3·1·7	2·7·9	1·4·2
8.7. bis 7.8.	9·9·5	8·6·7	7·3·9	6·9·2	5·6·4	4·3·6	3·9·8	2·6·1	1·3·3
8.8. bis 7.9.	9·8·6	8·5·8	7·2·1	6·8·3	5·5·5	4·2·7	3·8·9	2·5·2	1·2·4
8.9. bis 8.10.	9·7·7	8·4·9	7·1·2	6·7·4	5·4·6	4·1·8	3·7·1	2·4·3	1·1·5
9.10. bis 7.11.	9·6·8	8·3·1	7·9·3	6·6·5	3·3·7	4·9·9	3·6·2	2·3·4	1·9·6
8.11. bis 7.12.	9·5·9	8·2·2	7·8·4	6·5·6	5·2·8	4·8·1	3·5·3	2·2·5	1·8·7
8.12. bis 5.1.	9·4·1	8·1·3	7·7·5	6·4·7	5·1·9	4·7·2	3·4·4	2·1·6	1·7·8
6.1. bis 3.2.	9·3·2	8·9·4	7·6·6	6·3·8	5·9·1	4·6·3	3·3·5	2·9·7	1·6·9

Auch wenn Sie sich in einer Zahl nicht komplett wiederfinden, so sind doch Teile der Energie des Elementes mehr oder minder erkennbar vorhanden. Manchmal nehmen andere Menschen diese Anteile an Ihnen besser wahr, da man von sich selbst oft ein ganz anderes Bild hat. Gerade dann, wenn Sie solch einen „blinden Fleck" haben, sollten Sie sich diese Qualitäten genau anschauen und vielleicht Ihren Partner oder Ihre Freunde fragen, ob sie Anteile davon in Ihnen sehen.

Auch wenn viele Menschen dieselbe Geburtszahl oder sogar Zahlenfolge haben, ist doch jeder verschieden. In jedem Leben und Lebensabschnitt stehen bestimmte Themen an und einzelne Qualitäten der Elemente treten in den Vorder- oder Hintergrund. Deuten Sie das Zusammenspiel der drei Zahlen mit Intuition und Gefühl und schauen Sie sich die Bedeutung der Elemente genau an. Je mehr Sie sich mit dem Thema befassen, desto genauer wird Ihr Bild von sich. Sie können anhand der Elemente auch feststellen, wie Sie zu Ihrem Partner passen, was ihn bewegt, auf was Sie achten können und warum es in manchen Situationen Ihrer Beziehungen klappt oder nicht.

- Wenn man sein energetisches Muster kennt, kann man gezielt ein unterstützendes Umfeld schaffen.

Die typischen Merkmale der Elemente

Der Holz-Typ: Wachstum

木

Diese Menschen sind umgänglich, frisch, tatkräftig, mitfühlend, sehr entschlossen und können gut Probleme lösen. Viele komplizierte Details miteinander zu verbinden und zu berücksichtigen ist ihre Stärke. Holz-Typen orientieren sich gerne in Richtung Zukunft und möchten ihre Ideen und Projekte umsetzen. Bei unerwarteten Komplikationen und Verzögerungen kann es allerdings sein, dass sie die Geduld verlieren und ärgerlich werden. Manchmal fangen sie auch zu viel auf einmal an, weil die Begeisterung mit ihnen durchgeht, und verzetteln sich dann. So bleibt manches einfach liegen. Dennoch sind Holz-Typen zielstrebig und gehen mit beherzter Art die Dinge an. Dies wird manchmal als draufgängerisch gewertet, entspringt aber ihrer vielseitig interessierten Art.

Holz-Typen sind gute Teamarbeiter mit kreativen Ideen. Durch ihre flexible, tolerante Art können sie sich sehr gut in andere Menschen hineinversetzen.

Dem impulsiven Holz-Typ fällt es schwer, alleine zu sein. Er verliebt sich

▲ Holz steht für Zielstrebigkeit, Wachstum und Entfaltung – wie der Frühling.

leicht und kann seinen Partner mit ungestümen Liebesbekundungen und Direktheit überfordern. Holz-Typen müssen lernen, auf das Wesen ihres Partners rücksichtsvoll einzugehen. Kommunikation ist daher wichtig, vor allem mit dem Partner.

Da der Holz-Typ dazu neigt, sich mit tausend Dingen zu beschäftigen, besteht die Gefahr, dass er sich übernimmt. Ruhepausen sind wichtig, da zu viel Stress zu Überspanntheit oder zu einem Nervenzusammenbruch führen kann.

Wenn der Holz-Typ verletzt wird oder unter zu großem Druck steht, kann er bissig werden oder sogar vor Wut platzen. Da er aber nicht nachtragend ist, ist er nicht lange verärgert und erwartet das natürlich auch von seinem Gegenüber.

Dem Holz-Typ sind Ideale wichtig, daher muss er darauf achten, nicht zu sehr in einer Welt seiner eigenen Vorstellungen zu leben.

Der Holz-Typ braucht sehr viel Wärme und das Gefühl, angenommen zu sein. Er ist sehr empfindsam und daher auch leicht verletzbar bis hin zu Tränenausbrüchen. In unausgeglichenen Momenten neigt er zu Zweifeln und macht sich unnötig Sorgen. Da er sich von seiner Umgebung leicht beeinflussen lässt, hängt der Holz-Typ sehr von dem Umgang ab, den er pflegt.

Der Feuer-Typ: Entschlossenheit

火

Unter diesen Menschen finden sich geistreiche und attraktive Partner. Feuer-Typen sind hervorragende Unterhalter und gelten wegen ihres Auftretens und ihre Überzeugungskraft als geborene Anführer.

Die Gesundheit des Feuer-Typs hängt stark von seinen Gefühlen ab. Ist er glücklich, geht es ihm wunderbar, ist er aber unglücklich oder hat er Sorgen, können sich Depressionen, Verdauungsbeschwerden oder Herzbeschwerden einstellen.

Die kontaktfreudigen Feuer-Menschen sind sehr kreativ, weltgewandt und lieben große Auftritte, die sie aufgrund

▲ Feuer steht für Entschlossenheit, Erfüllung und Vollendung und entspricht dem Sommer.

ihrer Ausstrahlung meist ganz selbstverständlich haben. Dies kann in kleinen Runden, einem Zweiergespräch oder in einer großen Gesellschaft sein. Allein die positive Aufmerksamkeit für ihren gut erzählten Witz kann genügen. Langeweile allerdings mögen sie nicht. Sie haben an ihre Gesprächspartner einen hohen Anspruch und fordern ungeteilte Aufmerksamkeit. Zuhören können sie allerdings weniger gut. Wenn Feuer-Typen etwas zu langsam geht, werden sie ungeduldig und drängelnd.

Von stilvollen, außergewöhnlichen Dingen werden diese Menschen angezogen. Ihre persönliche Umgebung möchten sie gerne dementsprechend gestalten. Das kostet Geld und kann zu übermäßigen Ausgaben führen. Feuer-Typen sollten daher darauf achten, nicht über ihre Verhältnisse zu leben.

Durch ihre sonnige, offene Art haben Feuer-Typen einen großen Bekannten- und Freundeskreis. Sie sollten aber hin und wieder einmal prüfen, wie viele echte Freunde sich darunter befinden und wie vielen sie wirklich vertrauen.

Bewunderung durch den Partner und Treue sind für Feuer-Typen extrem wichtig. Liebe und Romantik spielen in der Beziehung eine große Rolle. Es fällt ihnen leicht, mit überzeugungskräftigen Reden den Partner und die Menschen um sich zu begeistern.

Die Lernaufgabe des Feuer-Typen besteht darin, nicht nur zu reden, sondern seinen Reden auch Taten folgen zu lassen. Sehr gerne überlassen sie nämlich den anderen die Umsetzung ihrer Ideen und Projekte – und sei es nur das Ausräumen der Spülmaschine.

Um in ausgewogenen Beziehungen mit seiner Umgebung zu leben, muss der Feuer-Typ lernen, sich selbst zurückzunehmen und anderen mehr zuzuhören.

Der Erde-Typ: Fürsorge

土

Der Erde-Typ ist praktisch und hat die Fähigkeit, durch harte Arbeit und Ausdauer ein Vermögen aufzubauen, denn er hat ein gutes Gespür für Besitz. Er ist detailorientiert, auf eine Sache konzentriert, überlegt und sorgfältig. Auch verfügt der Erde-Typ über große Kraftreserven und Ausdauer.

Erde-Typen mögen sich nicht mit mehreren Dingen gleichzeitig beschäftigen, dafür aber können sie mit großem Nachdruck Dinge durchsetzen und verfolgen. Schwierigkeiten sind für sie kein Hindernis und werden mit Beharrlichkeit aus dem Weg geräumt.

Nach außen wirken manche Erde-Typen etwas reserviert. Bevor sie etwas in die Tat umsetzen, prüfen sie alles gründlich. Vor einer Entscheidung werden alle Dinge sehr genau bedacht, bis ins Kleinste abgewogen. Einmal getroffene Entscheidungen sind fast unumstößlich. Unausgewogene Erde-Energie äußert sich in Sturheit und Inflexibiliät.

Wichtig ist es ihnen, auch anderen zu helfen, sie zu schützen und am Leben zu erhalten. Sie fühlen sich in der Gruppe wohl, und der Austausch mit anderen ist ihnen sehr wichtig.

In der Partnerschaft sind sie beständig und treu und fördern gerne den anderen. Mitfühlend nehmen sie jedes Opfer auf sich, um dem Partner zu helfen. Bei zu viel Fürsorglichkeit vergessen die Erde-Menschen manchmal sich selbst, was bis zur Selbstaufgabe gehen kann. Die Kehrseite der Medaille kann sich in Eifersucht und forderndem Auftreten zeigen, da Erde-Typen auch ein großes Geltungsbedürfnis haben.

Erde-Typen gehen mit großem Willen und Selbstbeherrschung hartnäckig ihren Weg und verfolgen das, was sie persönlich für richtig halten. Solange sie sich nicht aus der Ruhe bringen lassen, geht es ihnen gut. Wenn sie aber zu sehr ins Extrem gehen, kann sie das ruinieren. Je nach Laune können sie mit jedem oder keinem auskommen, wobei sie immer auf die Durchsetzung ihres Willens bedacht sind. Es geht nach ihrem Willen oder gar nicht.

▼ Erde steht für Fürsorge, Ernte und den Spätsommer.

Erde-Typen fällt es aufgrund ihrer hervorragenden Führungsqualitäten leicht, Verantwortung zu übernehmen. Sehen sie ihre Ziele aber gefährdet, können sie allen und jedem gegenüber misstrauisch, kontrollierend und zänkisch werden.

Der Metall-Typ: Struktur

金

Ein starkes Gerechtigkeitsgefühl, Sinn für Ordnung, Details und Struktur zeichnet den Metall-Typ ebenso aus wie ausgeprägte Vorstellungskraft und die Fähigkeit zu strukturierter Planung. Gerne möchte er über alles den Überblick haben und arbeitet hart für seine Ziele. Das erwartet er auch von seinen Mitmenschen und stellt an sie große Anforderungen, von denen er nur schwer abweichen kann.

Da Metall-Typen auf sich selbst vertrauen, sehr freiheitsliebend sind und aus Stolz selten den Rat anderer Menschen suchen, besteht die Gefahr des Einzelgängertums. Dies kann beim Metall-Typen, der mit Einsamkeit kurzzeitig gut klar kommt, auf Dauer zu Melancholie, Depression und Traurigkeit führen. Denn eigentlich fühlt sich der Metall-Typ in Gesellschaft wohl, ist offen und freundlich und nimmt mit Witz, schlagfertigen Antworten und optimistischer Lebenshaltung andere Menschen leicht für sich ein.

▼ Metall steht für Struktur, Sammlung, Erhaltung und entspricht dem Herbst.

Im Beruf ist der Metall-Typ weitsichtig und intuitiv. Er verfügt über großes Organisations- und Investitionstalent und kann es dadurch zu finanziellem Erfolg und Vermögen bringen.

Metall-Typen dominieren gerne, auch in der Partnerschaft. Hier müssen sie lernen, nicht zu streng und fordernd zu sein. Vor allem, weil sie es als ausgeprägte Familienmenschen lieben, ihrer Familie alles zu geben. Dazu gehört aber auch, Wärme zu geben, zuzuhören und das Gegenüber anders sein zu lassen. Idealismus und das Durchsetzen der eigenen Moral wirken eher trennend.

Mit einem ebenbürtigen Partner, mit dem sie Ziele und Vorstellungen teilen, sind Metall-Typen Liebeskünstler, mit denen man das Leben genießen kann. Wenn es jedoch mit dem Partner nicht so recht klappt und dieser unzugänglich oder eher verschlossen ist, beeinflusst das ihre offene und gesellige Art, und sie werden falsch und eigensinnig.

Der Wasser-Typ: Ausdauer

水

Wasser-Typen sind von Natur aus zurückhaltend, obwohl sie Offenheit ausstrahlen. Sie möchten gerne gefallen und es möglichst allen recht machen. Sie wirken still und können durch ihre gute Beobachtungsgabe andere Menschen leicht durchschauen. Sie reagieren auf unterschiedlichste Situationen sehr flexibel. Diese Haltung beruht auf der Gabe, wie das Wasser neue Wege zu finden, und prädestiniert Wasser-Typen zum Organisieren.

Wasser-Typen können sich gut durchsetzen. Sie haben einen starken Willen, Geduld und große Ausdauer, nach dem Motto „Mit Ausdauer kommt man auf jeden Fall ans Ziel". Zuhören, Überzeugen und Motivieren sind weitere Gaben dieser Menschen. Je nach innerem Entwicklungsgrad und Verständnis für sich selbst können sie weise Ratgeber für andere Menschen sein. Wasser-Typen strahlen Vertrauen und Offenheit aus und setzen sich gerne mit Überzeugungskraft für andere Menschen ein. Wie der Wasser-Typ fühlt und wie es in seinem Innersten aussieht, lässt er jedoch nicht jeden Menschen wissen, denn Unabhängigkeit ist für ihn ein hohes Gut.

Wasser-Typen brauchen einen Partner, der zuhört und sie versteht, der mitdenkt und Anteil an ihren Gedanken und Gefühlen nimmt. Ist das nicht der Fall, fühlen sie sich nicht angenommen und neigen zu eigensinnigen Reaktionen bis hin zum Zerstören der Beziehung. Auch sollte ein Partner ihre Leidenschaftlichkeit und Liebesfähigkeit schätzen, da Wasser-Typen zu tiefen und starken Gefühlen neigen. Nähe und Intimität sind wichtig für das Beziehungsleben, zumal Wasser-Typen eine starke sexuelle Energie besitzen.

▲ Wasser steht für Klarheit, Wille, Ausdauer und entspricht dem Winter.

Seelische Verletzungen brauchen lange, bis sie geheilt sind. In dieser Zeit können Wasser-Typen auch sehr kühl und distanziert reagieren.

Ruhe zum Nachdenken und ein Rückzugsort sind wichtig. Wenn Wasser-Typen sich keine Ruhe gönnen, neigen sie zu Unausgeglichenheit und werden unangenehm. Auch Grübeln und unbegründetes Sorgen gehören zu den Eigenschaften des unausgeglichenen Wasser-Typs.

Wie hilft mir das persönliche Element?

Wenn Sie nun wissen, welches Element Sie sind, können Sie Ihre Umgebung mit Hilfe der Gestaltungsmittel des Elements positiv und unterstützend verändern. Anregungen hierzu bietet Ihnen die Aufstellung auf der folgenden Doppelseite.

Nehmen wir an, Sie sind Feuer – Erde – Metall (9-5-6), und Sie stellen schon beim Durchlesen fest, dass der Erdeanteil ein Übergewicht hat. Das könnte sich beispielsweise darin äußern, dass Sie zu kontrollierend sind und ihre Kinder oder ihren Partner zu sehr einschränken. Wenn etwas nicht nach Ihrer Vorstellung läuft, werden Sie launisch, oder Sie geraten leicht in Wut. Diese Haltung wird noch verstärkt durch die Metalltendenz der dritten (energetischen) Zahl, alles im Blick haben und andere beeinflussen zu wollen. Aufgrund dieser Haltung kommt es im täglichen Familienleben vermehrt zu Auseinandersetzungen, die Sie aber gerne vermeiden möchten.

Hier helfen uns die Elemente. Da man grundsätzlich erst einmal bei sich selbst anfangen sollte – erinnern Sie sich an das Resonanzprinzip –, können Sie als ersten Schritt den übermäßigen Erdeanteil ausgleichen. Schauen Sie sich den Nähr- und Kontrollzyklus an: Erde wird durch Holz kontrolliert. Im äußeren Umfeld können Sie sich nun mit Gestaltungsmitteln des Holzes umgeben, beispielsweise durch die Farbwahl Ihrer Kleidung, am besten aber in dem Raum, in dem Sie sich am häufigsten aufhalten. Stellen Sie beispielsweise schlanke Pflanzgefäße mit hochwachsenden Grünpflanzen auf, hängen Sie ein Bild mit Holzsymbolik auf oder wählen Sie Dekorationen und Muster aus dem Bereich Holz.

Da im Nährzyklus auf Erde Metall folgt, kann Metall ebenfalls eingesetzt werden, um die übermäßige Erde-Energie zu reduzieren: Mit Weiß, allen Grautönen sowie silbernen und runden Objekte erhöhen Sie den Metallanteil Ihrer Umgebung.

Zuordnung zu den neun Lebensbereichen

Parallel dazu ist es wichtig, dass Sie sich bewusst werden, was das Ungleichgewicht im Element Erde gefördert hat und daher *hinter* Ihrem Verhalten steht. Wenn Sie den Lebensbereich herausfinden, dem dieses Muster zuzuordnen ist, dann können Sie durch gezielte Maßnahmen in der Bagua-Zone Ihrer Wohnung, die für diesen Lebensbereich steht, positive Veränderungen herbeiführen – was ein Bagua ist, lesen Sie ab Seite 96.

Überlegen Sie sich eine oder mehrere Situationen, die zu Problemen führten. Schreiben Sie zu jeder Situation auf, was Sie wollten, warum Sie es so wollten, und Ihre Gefühle.

Seien Sie dabei ganz ehrlich mit sich und notieren Sie alles, was Ihnen zu dem Thema einfällt. Versuchen Sie zu ergründen, was *hinter* Ihren Gefühlen steckt: Wut und Zorn beispielsweise können ihren Ursprung in Enttäuschung, also in nicht erfüllten Erwartungen, haben. Kontrolle – und damit die Ausübung von Macht – kann der Ausdruck einer tiefsitzenden Angst sein.

Vielleicht stellen Sie fest, dass das Ungleichgewicht von der Angst herrührt, dass Ihre Kinder oder Ihr Partner Sie verlassen könnten oder dass Sie nicht mehr geliebt werden. Vielleicht haben Sie in Ihrer Vergangenheit die Erfahrung gemacht, dass ein geliebter Mensch fortgegangen ist. Dann sollten Sie Maßnahmen im Lebensbereich Partnerschaft (Seite 97 ff.) ergreifen.

Es kann auch sein, dass Ihnen die Ausübung von Kontrolle Selbstsicherheit gibt. Dann ist der Lebensbereich Ruhm/Anerkennung (Seite 107) betroffen und sollte mit entsprechenden Maßnahmen gestärkt werden.

Möglich wäre auch die unbewusste Meinung, dass andere ihr Leben leben und alles bekommen, was sie möchten – nur Sie nicht. Um dem entgegenzuwirken, haben Sie sich angewöhnt, Situationen zu kontrollieren. Dann schauen Sie nach, welche Maßnahmen Sie im Lebensbereich Segnungen/Wohlstand (Seite 102) ergreifen können, um das Ungleichgewicht zu beheben.

▲ Seien Sie ehrlich und fragen Sie sich, was *hinter* Ihrem Verhalten steckt!

Farben, Formen und Materialien der Fünf Elemente

Element	Holz	Erde
Farben	Grün, Blau	Gelb, Orange, Sand, Braun
• unterstützend	Wasser: Dunkelblau, Schwarz	Feuer: Rot, Purpur, Bordeauxrot, Rosa, Lila, Flieder
• erhaltend	Holz: Grün, Blau	Erde: Gelb, Orange, Sand, Braun
• beruhigend	Feuer: Rot, Purpur, Bordeauxrot, Rosa, Lila, Flieder	Metall: Weiß, Silber, Grau
Muster und Formen	vertikale, hohe, dünne Streifen	Karos, Quadrate, Querstreifen, liegende Rechtecke
• unterstützend	Wasser: wellig, unregelmäßig	Feuer: Sterne, Zackiges, Zickzacklinien, Dreiecke
• erhaltend	Holz: vertikale, hohe, dünne Streifen	Erde: Karos, Quadrate, Querstreifen, liegende Rechtecke
• beruhigend	Feuer: Sterne, Zackiges, Zickzacklinien, Dreiecke	Metall: Kreise, Halbkreise, ovale und gerundete Formen
Materialien	Holz, Bambus, Peddigrohr, Weidengeflecht	Ton, offenporiger Stein, Keramik, Stoffe, Wolle, Erde
• unterstützend	Wasser: Glas	Feuer: Plastik
• erhaltend	Holz: Holz, Bambus, Peddigrohr, Weidengeflecht	Erde: Ton, offenporiger Stein, Keramik, Stoffe, Wolle, Erde
• beruhigend	Feuer: Plastik	Metall: Metall, harter polierter Stein

Feuer	Metall	Wasser
Rot, Purpur, Bordeauxrot, Rosa, Lila, Flieder	Weiß, Silber, Grau	Dunkelblau, Schwarz
Holz: Grün, Blau	Erde: Gelb, Orange, Sand, Braun	Metall: Weiß, Silber, Grau
Feuer: Rot, Purpur, Bordeauxrot, Rosa, Lila, Flieder	Metall: Weiß, Silber, Grau	Wasser: Dunkelblau, Schwarz
Erde: Gelb, Orange, Sand, Braun	Wasser: Dunkelblau, Schwarz	Holz: Grün, Blau
Sterne, Zackiges, Zickzacklinien, Dreiecke	Kreise, Halbkreise, Ovale	wellig, unregelmäßig
Holz: vertikale, hohe, dünne Streifen	Erde: Karos, Quadrate, Querstreifen, liegende Rechtecke	Metall: Kreise, Halbkreise, ovale und gerundete Formen
Feuer: Sterne, Zackiges, Zickzacklinien, Dreiecke	Metall: Kreise, Halbkreise, ovale und gerundete Formen	Wasser: wellig, unregelmäßig
Erde: Karos, Quadrate, Querstreifen, liegende Rechtecke	Wasser: wellig, unregelmäßig	Holz: vertikale, hohe, dünne Streifen
Plastik	Metall, harter, polierter Stein	Glas
Holz: Holz, Bambus, Peddigrohr, Weidengeflecht	Erde: Ton, offenporiger Stein, Keramik, Stoff, Wolle, Erde	Metall: Metall, harter. polierter Stein
Feuer: Plastik	Metall: Metall, harter, polierter Stein	Glas
Erde: Ton, offenporiger Stein, Keramik, Stoffe, Wolle, Erde	Wasser: Glas	Holz: Holz, Bambus, Peddigrohr, Weidengeflecht

Acht Himmelsrichtungen

Himmelsrichtungsanalyse und Elementeanalyse sind zwei verschiedene Systeme, die man aufeinander abstimmen muss.

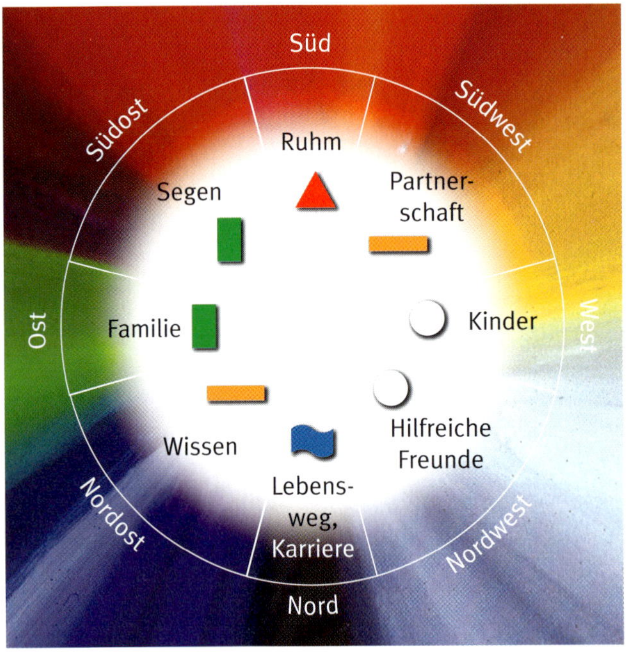

Grundsätzlich kann man eine Wohnung nach den Himmelsrichtungen einrichten – Farben für ein Wohnzimmer finden Sie ab Seite 129. Kommt eine bestimmte Absicht dazu, beispielsweise Stärkung eines Bagua-Bereichs (Seite 96 ff.), arbeitet man innerhalb dieses Bereichs mit den Merkmalen der *Elemente* (siehe Tabelle auf der vorigen Doppelseite). Hierbei wählt man – je nach Himmelsrichtung – nicht unbedingt die Elemente*farbe* als Hauptmerkmal, wenn sie hier nicht passt, sondern nimmt das Element als *Form* oder *Material*. Oder man setzt die Elementfarbe in Akzenten ein.

Die Acht Himmelsrichtungen und die Mitte des Kompasses sind jeweils verknüpft mit Yin und Yang, einem der Fünf Elemente, einer Farbe, einer Tageszeit, einer Jahreszeit, einer Lebensphase, Materialien, Dekors, Pflanzen, Symbolen, Gemütszuständen, Körperfunktionen und Organen, Berufen – also allen Bereichen des Lebens. Zusammen ergibt dies ein genaues Bild der zu dieser Richtung gehörenden Chi-Energie.

- Die Farben der Himmelsrichtungen unterscheiden sich von denen der Elemente. Es ist die hohe Kunst des Feng Shui, diese beiden Analysemethoden miteinander zu verbinden.

Die Farben der Acht Himmelsrichtungen

Himmelsrichtung	Farben der Himmelsrichtung	Himmelsrichtung steht für	Element	Elementfarben und -formen
Süd (Yang)	Rot, Lila, Rotorange	Leidenschaft, Ruhm, Erfolg, soziales Leben, unwiederbringliche Veränderung von Stoffen	Feuer	siehe Tabelle Seite 49
Südwest (Yang)	Rot, Orange, Gelb, Braun	Harmonie in der Familie, Mutterschaft, praktisches Denken, stetiger Fortschritt, Heilung, Pflege, Regeneration, Bodenständigkeit, Basis schaffen	Erde	warmes Gelb
West (Yin)	Dunkelgelb, Silber, Grau Creme, Weiß	Romantik, Zufriedenheit, Vergnügen, Entspannung, Anwendung und Wiedergabe von Wissen, Einkommen	Metall	siehe Tabelle Seite 49
Nordwest (Yin)	Weiß, Silber, Grau	Verantwortung, Vaterschaft, Organisation, Führerschaft, Entwicklung von geistigen und materiellen Produkten, aktive gestalterische Kraft	Metall	siehe Tabelle Seite 49
Nord (Yin)	Schwarz, Dunkelblau	Spiritualität, Sexualität, Ruhe, Frieden, Stillstand	Wasser	siehe Tabelle Seite 49
Nordost (Yin)	Blau, Blaugrün	Motivation, Konkurrenz, Dauerhaftigkeit, Schutz, Sicherheit	Erde	kühles Gelb
Ost (Yang)	Grün, Blau	Aktivität, Ehrgeiz, Träume realisieren, schneller Start, lineare Bewegung	Holz	siehe Tabelle Seite 48
Südost (Yang)	Smaragd, helles Grün und Blau, Pink	Kommunikation, Kreativität, Harmonie, Wachstum, Veränderung der Form	Holz	siehe Tabelle Seite 48

Wahrnehmen und verändern

Um Veränderungen herbeizuführen, müssen wir zunächst den Ist-Zustand analysieren. Dabei hilft bewusstes Wahrnehmen auf allen Ebenen, also in der Außenwelt und bei uns selbst. So gewinnen wir Klarheit über unsere Ziele und darüber, was uns hindert, diese Ziele zu erreichen – damit ist der erste Schritt zur Veränderung getan.

Bewusstes Wahrnehmen

Um Veränderungen zu erreichen, ist das bewusste Wahrnehmen der Energien der Umgebung und der eigenen Person der erste Schritt.

Der Umgang mit Feng Shui schult vor allem unsere Beobachtungsgabe. Feng Shui fordert uns dazu auf, unsere Umgebung und uns selbst bewusst wahrzunehmen. Denn hinter allen Handlungen und Ausführungen stehen bewusste oder unbewusste Absichten.

Der erste Eindruck

Der erste Eindruck zählt – eine Weisheit, die es in sich hat. Der erste Eindruck ist das, was unser Unterbewusstsein speichert. An diesem Eindruck wird alles Nachfolgende gemessen. Innerhalb einer Sekunde „weiß" unser Unterbewusstsein, mit wem oder was es hier zu tun hat. Es ist eine unreflektierte und unvoreingenommene Bestandsaufnahme, die nicht von Erlerntem gefärbt ist. Selbst wenn der zweite oder dritte Eindruck völlig anders ist – irgendwann stellt sich die Richtigkeit des ersten Eindrucks heraus.

WAHRNEHMUNGSÜBUNG

Welchen ersten Eindruck bietet der Eingang Ihrer Wohung?

Um wieder einen Blick für Ihre Umgebung zu bekommen, können Sie die folgenden Fragen beantworten und Ihre Empfindungen notieren. Lassen Sie die Fragen auch von Ihren Freunden und Bekannten beantworten. Es ist meist sehr erstaunlich, was anderen Menschen auffällt und was sie sehen.

Eindrücke sind Empfindungen, keine Meinungen und Gedanken. Schreiben Sie bitte nur das auf, was Sie fühlen.

- Was sehen Sie bei Ihrer Ankunft als Erstes?
- Was fällt Ihnen im Haus- oder im Wohnungseingang besonders auf?
- Was hören Sie?
- Welcher Geruch fällt Ihnen auf?
- Welche Farben sehen Sie?
- Welche Gegenstände fallen Ihnen auf?
- Fällt Ihnen etwas Reparaturbedürftiges auf?
- Stellen Sie sich vor, Sie sind ein Besucher und kommen zum ersten Mal hierher. Welchen Gesamteindruck hat dieser Besucher? Was schließt er daraus auf den Bewohner?

Und nun stellen Sie sich bitte Ihren Zugang zum Haus oder zu Ihrer Wohnung vor. Welchen ersten Eindruck haben Ihre Besucher? An die verrostete Leuchte über dem Eingang haben Sie sich vielleicht schon gewöhnt und nehmen sie gar nicht mehr wahr. Aber was sagen Ihre Besucher dazu? Vielleicht sieht man auch neben dem Eingang die Mülltonne und daneben etliche Mülltüten, weil die Tonne nicht für alle Hausbewohner ausreicht? Hier kann man sicherlich das Bewusstsein der Mitbewohner durch Gespräche schärfen und sich gemeinsam für die Anschaffung einer größeren Mülltonne einsetzen.

Alle Sinne sind beteiligt

Stellen Sie sich vor, Sie betreten an einem heißen Sommertag einen Laden, in dem Sie sanftes Geplätscher von fließendem Wasser hören. Sofort haben Sie den Eindruck von Frische und Kühle. Mit Versuchspersonen wurde ermittelt, dass allein durch die Geräuschkulisse von fließendem Wasser die Temperatur um durchschnittlich drei Grad niedriger angegeben wurde als im selben Raum ohne das Plätschern. Ähnliche Versuche wurden mit unterschiedlich farbigen, aber gleich temperierten Räumen unternommen. In einem Raum mit blau gestrichenen Wänden empfanden die Versuchspersonen die Temperatur als deutlich niedriger als in einem neutral weiß gestrichenen Raum. Einen Raum, dessen Wände rot und gelb gestrichen waren, empfanden die Personen als deutlich wärmer.

Auch den Geruchssinn darf man nicht unterschätzen. Bestimmt kennen Sie Wohnungen und Orte, die bei Ihnen ganz fest mit einem dort herrschenden Geruch verbunden sind. Wenn Sie diesen Geruch nun irgendwo anders wahrnehmen, kommt Ihnen sofort der Ursprungsort in den Sinn. Mir ergeht es so mit dem Gartenweg bei meiner Großmutter. Hier blüht im Sommer duftender Lavendel. Jedes Mal, wenn ich diesen Duft woanders wahrnehme, fällt mir sofort meine Oma ein, bei der es mir gut ging – und ich habe ein gutes Gefühl.

▼ Bei einem bestimmten Duft können uns früheste Kindheitserlebnisse wieder einfallen.

Die optischen und akustischen Eindrücke sowie die Geruchseindrücke einer Umgebung erzeugen in unserem Unterbewusstsein Bilder und prägen Verhaltensweisen. Wir reproduzieren diese Eindrücke in der ersten Phase unserer Erfahrung, die wir in einer neuen Umgebung haben, und sie bleiben fast unauslöschlich mit ihr verbunden, auch wenn Änderungen eintreten und wir neue Eindrücke bekommen.

- Gestalten Sie Ihre Umgebung auf allen Ebenen. Es zählt nicht nur das, was man sieht. Beziehen Sie auch den Geruchs- und Gehörsinn mit ein.

Aufmerksamkeit bindet Energie

Wohin unser Blick fällt, dorthin fließt unsere Energie. Alles, was unsere Aufmerksamkeit erregt, unseren Blick fängt, bindet auch unsere Energie.

Zu den besten Mitteln, Aufmerksamkeit zu erregen, gehören Bewegung und Licht. Schauen wir nicht automatisch auf Werbeflächen mit bewegten Bildern oder sich bewegenden Logos? Große Werbetafeln mit wechselnden Bildern stechen jede statische Werbung aus. Geschäftseingänge, die mit wehenden Fahnen geschmückt sind, oder Restauranttüren, die von brennenden Fackeln flankiert werden, ziehen den Blick magisch an. Wir können nicht anders als hinschauen.

Ebenso ist es mit auffallender Farbigkeit oder guter Beleuchtung. Man kann alleine durch Blickführung, also durch richtiges Platzieren und Beleuchten von Objekten, Menschen durch einen Laden oder einen Raum lenken.

Machen Sie sich auch bewusst, mit welchen Mitteln Menschen Aufmerksamkeit auf sich ziehen, beispielsweise Würdenträger durch aufrechtes Gehen oder Stehen mit „erhobenem Haupt" und bewusste Sprechweise. Auch negative Verhaltensweisen binden Aufmerksamkeit: Wenn Sie beispielsweise die Menschen in Ihrer Umgebung nicht ausreden lassen und ihnen ins Wort fallen, wird Sie früher oder später sicher eine Freundin oder Ihr Partner darauf aufmerksam machen. Sobald Sie sich dieser Verhaltensweise bewusst werden, fällt sie Ihnen auch bei anderen sofort auf. Das bindet Ihre Aufmerksamkeit und die Energie, die Sie brauchen, um an sich zu arbeiten und diese Verhaltensweise zu ändern.

◀ Ein Eingang, der Aufmerksamkeit auf sich zieht.

Besitz ist eine Verpflichtung

Alles, was Sie besitzen, steht in direkter energetischer Verbindung zu Ihnen und erfordert Ihre Aufmerksamkeit. Indem Sie einen Gegenstand in Ihr persönliches Lebensumfeld einladen, übernehmen Sie Verantwortung für ihn. Er will gepflegt, geputzt, gegossen, richtig aufgestellt sein. Er benötigt Aufmerksamkeit, um entsprechend wahrgenommen zu werden. Wofür kaufe ich mir denn eine schöne Vase, einen Kunstgegenstand, ein Erinnerungsstück aus dem Urlaub, wenn ich es nur mit nach Hause schleppe, zwischen vielen schon dastehenden Dingen platziere und nie wieder richtig wahrnehme?

- Jedes Ding möchte seinen Raum, seine Aufmerksamkeit.

Wenn Sie jedoch zu viele Dinge um sich herumscharen, zerstreut sich Ihre Energie, Sie verbinden sich nicht mehr bewusst mit den Dingen, die Sie besitzen. Außerdem gibt es Gegenstände, die Energie spenden, und solche, die Kraft abziehen.

Alles, was Ihnen nicht (mehr) gefällt, was Ihnen Unwohlsein bereitet, raubt Energie – alleine schon der Ärger darüber oder die Aussicht, das Ding immer wieder putzen zu müssen.

Aufrichtigkeit gegenüber sich selbst ist der erste Schritt, um mehr Harmonie und Erfolg in sein Leben zu bringen. Schauen Sie sich Ihre Wohnung an und

Wissen

Die positive Kraft eines Gegenstandes

Wenn Sie mit einem Gegenstand ein schönes Erlebnis verbinden, besteht ein energetisches Band, das Sie bei jedem Blick auf den Gegenstand an das zugrunde liegende Erlebnis erinnert. Der Gegenstand bewahrt das Gefühl des Erlebnisses für Sie auf. Ebenso ist es mit den Dingen, die als Feng-Shui-Maßnahme mit bestimmten Wünschen und Intentionen aufgestellt werden. Der Gegenstand trägt die Kraft Ihrer Wünsche, Ihrer Gedanken in sich und verbindet diese mit dem Universum.

Wissen

Machen Sie es sich schön!

Ihre Wohnung spiegelt Sie und Ihre Absichten wieder. Jeder Gegenstand, jede Farbe in Ihrer Wohnung, alles, was in Ihrem Handlungsspielraum möglich ist, sollte Ihr Leben verschönern, Ihre Entspannung und Kreativität fördern und somit positiven Einfluss auf Sie ausüben.

WAHRNEHMUNGSÜBUNG

Die Wirkung von Objekten spüren

Alle Objekte senden Schwingungen aus, Masse erzeugt Wellen in der Schwingungswelt. Schwere und feste Objekte bringen Energie nach unten und stabilisieren. Wenn man sich mit verbundenen Augen in einem Raum befindet, kann man spüren, ob man vor einem massigen, schweren Schrank oder vor einem großen, mit Federn gefüllten Korb steht. Obwohl beides Raum einnimmt, ist die Energie, die jedes Objekt in Form von Wellen um seine physische Form erzeugt, völlig anders.

Jeder Raum fühlt sich daher anders an. Ein ausgewogenes Raumsystem umfasst nicht nur Farben, Muster, Materialien und Licht, sondern auch den Wechsel von Leichtigkeit und Masse.

Mit der folgenden Übung schulen Sie Ihre Fähigkeit, Leichtes und Schweres wahrzunehmen, ohne es zu sehen. Es kann einige Zeit dauern, bis Sie Ihre Sinne geschärft haben und sich auf die fremde und unsichere Situation einlassen können. Haben Sie etwas Geduld, wenn Sie nicht gleich schwer von leicht unterscheiden können. Sobald sich Ihr Fühlen auf die Situation eingestellt hat, werden Sie feststellen, wie einfach es ist, Dinge zu *erspüren*, die Sie bis heute nur *gesehen* haben

Die Übung lässt sich auch sehr gut mit Kindern machen. Kinder haben oft noch eine feinere Wahrnehmung und können sogar Farben spüren.

Übung

Verbinden Sie sich die Augen und lassen Sie sich von Ihrem Partner vor verschiedene Dinge und an verschiedene Orte führen. Verweilen Sie dort und spüren Sie nach. Benennen Sie die Eigenschaften, die Sie spüren:

- massiv/hohl
- schwer/leicht
- verstellt/durchgängig
- nach oben/nach unten
- spitz/rund
- Ecke/gerade Wand
- offen/geschlossen usw.

Versuchen Sie, mit geschlossenen Augen folgendes zu erspüren:

- Stachelige oder rundblättrige Pflanze?
- Treppe nach unten oder nach oben?
- Massiver Schrank oder leichter Stuhl?
- Wand oder Ecke?
- Offenes Fenster, offene Tür oder geschlossenes Fenster, geschlossene Tür?
- In der Mitte des Raums, in einer Ecke?
- usw.

machen Sie eine Bestandsaufnahme. Betrachten Sie jeden einzelnen Gegenstand und entscheiden Sie: Ist er gut für mich? Will ich ihn behalten? Wenn ja, wird er an einem geeigneten Platz aufgestellt, der ihm entspricht und ihm Raum gibt. Sie werden erkennen, wie schnell Ihre Fähigkeit wächst, zu unterscheiden, ob ein Gegenstand wirklich noch zu Ihnen passt oder Ihnen nur Kraft entzieht.

Bewusst putzen

Putzen ist eine einfache Methode, Ihren Wohnraum energetisch aufzuwerten. Denken Sie nur daran, wie wohl Sie sich in einer sauberen Wohnung fühlen. Auch wenn Sie Putzen als zusätzliche Arbeit empfinden – es geht letztendlich darum, Ihren Besitz liebevoll zu pflegen und Dinge zu achten, die Ihnen wichtig sind. Wenn Sie sich nicht zur Pflege der Dinge durchringen können, sollte Sie sich fragen, ob Sie den betreffenden Gegenstand wirklich noch behalten wollen.

Putzen steht auch als Sinnbild dafür, etwas aus Ihrem Leben zu fegen: Altes, Verstaubtes, negative Gefühle, alte Hilflosigkeit und Verletzlichkeit oder das Gefühl, dass Ihnen alles zu viel ist. Gerade Ihre Wohnung können Sie von allen Lebensbereichen am besten im Griff haben. Beginnen Sie mit einem Stufenplan: Erst einmal alle horizontalen Flächen abstauben und säubern – spüren Sie nach, wie sich der Raum verändert. Dann machen Sie sich über die Fenster her, und bei nächster Gelegenheit kümmern Sie sich um die Gegenstände. Sie werden sehen, dass Sie plötzlich auch mit anderen Dingen wieder klar kommen.

- Nehmen Sie beim Putzen die Dinge in die Hand und achten Sie bewusst auf Details. Überlegen Sie dabei, ob der bisherige Standort richtig ist. Reinigen Sie auch Winkel und Ritzen, um die Sie sich sonst nicht kümmern.

Die Position der Stärke

In jedem Raum gibt es den besten Platz – das ist die Position der Stärke. Das ist der Platz, von dem aus man den größtmöglichen Überblick über den Raum, die Eingangstür im Blick und hinter sich eine feste schützende Wand hat.

Schauen Sie sich einen Thronsaal der Könige und Kaiser an. Der Thron steht erhöht, ihm gegenüber am anderen Ende des Raumes befindet sich die Eingangstür. Vom Thron aus konnte der Herrscher den gesamten Raum überblicken, er war über jedes Kommen und Gehen informiert. Hinter dem Thron hingen die Banner, Fahnen und das Wappen des Herrschers. Sie stärkten ihm den Rücken. Ein modernes Beispiel ist die Rückenstärkung des amerikanischen Präsidenten bei Ansprachen: Hinter ihm befinden sich die amerikanische Flagge und der Adler.

Ein Arbeitsplatz sollte so gestaltet sein, dass man mit dem Rücken nicht in den Raum hineinsitzt. Jede Bewegung, jedes Geräusch im Rücken reißt uns aus der Konzentration, lenkt uns ab, da man einen Großteil seiner Aufmerksamkeitdafür aufwendet, das Geschehen im Hintergrund zu verfolgen. Hat man den Überblick, reicht ein kurzer Blick, um sich zu informieren.

- Ohne Rückendeckung fühlen wir uns unsicher. Hier wirkt der archaische Gedanke „Von hinten kann sich der Angreifer ungesehen anschleichen" in uns.

Oftmals genügt es, den Schreibtisch zu drehen und ihn damit in eine bessere Position bringen. Wenn das nicht geht, möglichst den Rücken durch Pflanzen, ein Regal oder ein passendes Möbelstück schützen. Ein im Blickfeld richtig angebrachter Spiegel zeigt, was hinter einem vor sich geht. Auch ein reflektierender Gegenstand auf dem Schreibtisch verschafft Klarheit.

Auch in Restaurants sind die begehrten Plätze stets die, bei denen man mit dem Rücken zur Wand sitzt. Viele Restaurants gehen mittlerweile dazu über, Wandspiegel aufzuhängen, um auch den Gästen, die mit dem Rücken zum Raum sitzen, Überblick und somit Sicherheit zu verschaffen.

Die Beispiele für die Position der Stärke lassen sich auf alle Wohnbereiche übertragen. Im Wohnzimmer erhält ein Sofa zum Raum hin Schutz im Rücken durch ein halbhohes Regal. Im Schlafzimmer kann eine Truhe oder Bank am Fußende des Bettes als Stabilisierung dienen.

In Räumen, in denen unterrichtet wird oder Vorträge gehalten werden, sollte der Vortragende gegenüber der Tür stehen können. So hat er die Geschehnisse im Raum im Blick und wird nicht irritiert, wenn in seinem Augenwinkel die Tür aufgeht. Der Energieaufwand, sich nach einer Unterbrechung wieder zu konzentrieren und schnell in den Text zu finden, ist enorm und führt zu schnellerer Ermüdung.

◀ Ein Arbeitsplatz mit „Rückenstärkung".

Die Kraft von Bildern und Symbolen

Symbole habe eine tiefe Wirkung auf uns, denn sie berühren uns durch ihren Sinn im Bewusstsein und durch ihr Bild im Unterbewusstsein. Symbole mit negativem Sinninhalt führen, ohne dass es uns bewusst wird, zu einer energetischen Schwächung. Hier wirken Traditionen und Riten, die unsere menschliche Entwicklung über Jahrtausende begleiteten und im kollektiven Bewusstsein gespeichert sind. Archetypische Inhalte wie Tod, Schmerz, Qual und Leid finden seit Menschengedenken Ausdruck in bestimmten Abbildungen wie Totenkopf, Blitz, Pfeil, Blut, Fratzen und vielem mehr. Der tiefe Symbolgehalt dieser Abbildungen wirkt auf uns schwächend, auch wenn diese verfremdet oder künstlerisch verändert dargestellt sind.

Wissen

Aufdrucke, Labels, Buttons

Alle Aufdrucke auf Kleidung, aber auch Labels und Buttons haben eine Aussage. Teilweise ist man sich dieser Aussage bewusst und steht dahinter, teilweise wird sie unbedacht mit in Kauf genommen. Bevor man sich für ein Kleidungsstück mit Aufdruck – egal ob Bild oder Text – entscheidet, sollte man sich über die Aussage klar werden. Grinst da ein Totenkopf auf meinem Rücken, und was will ich meiner Umwelt damit sagen? Wenn der Totenkopf wirklich meiner (momentanen?) Überzeugung entspricht, sollte ich mir Gedanken zu meiner Lebenseinstellung machen und mein Selbstbewusstsein stärken.

Aus diesem Grund sollten Sie genau prüfen, welche Abbildungen und Bilder Sie an welchen Platz hängen und welche Botschaft sie vermitteln. Auf ein Kunstwerk, das im weitesten Sinne negative Inhalte darstellt, reagiert unser Unterbewusstsein mit andauernder Ablehnung. Die Botschaft von Gefahr oder Leid und Schmerz sorgt für Verunsicherung und schürt die Angst, selbst in Gefahr zu kommen. Auch wenn wir mit unserem bewussten Verstand wissen, dass es sich hier um ein Kunstwerk handelt und nichts mit einer persönlichen Situation zu tun hat, wirken die unbewussten Prozesse auf energetischer Ebene und führen zur Schwächung. Wenn Sie nun dieser Information jeden Tag ausgesetzt sind, kann aufgrund des Resonanzgesetzes die Folge sein, dass Themen wie Leid, Schmerz und Verunsicherung sich in Ihren Alltag schleichen.

- Positive Motive unterstützen uns, negative Symbole haben eine schwächende Wirkung auf unser Unterbewusstsein.

Die Beeinflussung des Unterbewusstseins findet auch dann statt, wenn wir die Informationen gar nicht bewusst wahrnehmen. In Filmvorführungen hat man während des Hauptfilms für den Zuschauer nicht bewusst wahrnehmbar das Bild eines Genussprodukts eingefügt, um damit den Pausenverkauf anzukurbeln. „Sehen" kann man diese schnelle Information nicht, aber das Unterbewusstsein reagiert trotzdem. Der Verkaufserfolg in der Pause war enorm.

Bilder und Kunstgegenstände

Bilder, die Sie künstlerisch als sehr gelungen empfinden, die sich aber mit Themen wie Aggression, Konflikt, Qual, Schmerz befassen, sollten Sie nur an ausgewählten Plätzen aufhangen. Die Auseinandersetzung mit diesen Themen gehört zum Leben, wir sollten uns aber sehr bewusst dafür entscheiden, in welchem Maße und zu welchen Zeiten wir diese Energie auf uns wirken lassen. Ganz sicher gehören diese Bilder nicht in ein Arbeitszimmer oder ins Schlafzimmer. Hier sollte man sich mit Symbolen umgeben, die auch im kollektiven Sinne aufbauend wirken. Damit stärken Sie Ihr Unterbewusstsein und Ihre inneren Kraftreserven.

- Bilder haben eine ordnende und heilende Kraft, die auf unsere Seele, unseren Geist und unseren Körper wirkt. Sie sollten daher ganz bewusst nach ihrer Symbolik (Farb- und Motivsymbolik) ausgesucht werden.

Alle Kunstgegenstände entfalten durch ihre Form, Farbe und das Material eine energetische Wirkung auf die Umgebung. Die Art der Darstellung setzt eine positive oder negative Wirkung in Gang. Eine wesentliche Rolle spielt dabei auch, ob es sich um eine verzerrte oder verfremdete Darstellung oder um eine unverzerrte, realistische oder idealisierende Darstellung handelt.

Aufbauend wirken Bilder, die mit Themen zu tun haben wie Vitalität, Ganz-

◀ Der Anblick von Licht und Wasser wirkt aufbauend auf die Psyche und stärkt die Vitalität.

Formen und Ihre Wirkungen auf die Psyche

Formen haben stärkende und schützende Wirkungen auf uns. Hinter jeder Form steht eine Symbolik und eine therapeutische Wirkung.

- Viereck, Kubus: Materie, Stabilität, Mutter, Erde. Therapeutisch: Bietet zwanghaft strukturierten Menschen, die Angst vor Chaos haben, eine wohltuende Eingrenzung.
- Spirale: Lebenskraft. Therapeutisch: Lässt den Hysteriker, der Angst vor einengender Festlegung hat, das Hinauswachsen über sich selbst erleben.
- Kreis, Kugel: Einheit, Ewigkeit. Therapeutisch: Verleiht dem Depressiven, der Probleme mit der Abgrenzung hat und sich isoliert und ungeborgen fühlt, die notwendige Sicherheit. Die Kreisform beruhigt.
- Dreieck, Pyramide: Kraft des Geistes. Therapeutisch: Wirkt ausgleichend auf den Choleriker, der keine Einbindung ins geistig Ausgeglichene will.

Beim Bau des Doms von Mailand stritten sich die Bauleute der verschiedenen Bauhütten Europas über die Fassadengestaltung. Es musste entschieden werden, ob die Fassade nach der Triangulatur oder nach der Quadratur gestaltet wird. Dieser Streit war eigentlich der Streit zwischen zwei Weltanschauungen, denn das Dreieck steht für die Kraft des Geistes, während das Quadrat für die Kraft der Materie steht. Am Ende wurde das Dreieck gewählt mit der Intention, dass sich der Mensch durch die Beschäftigung mit der Religion seelisch und geistig entwickeln solle.

heit, Wachstum, Kreativität, Gesundheit, Harmonie, Natur, Freude, Anerkennung und Zufriedenheit. Auch die persönliche Bedeutung, die wir einem Motiv beimessen, sollte beachtet werden. Die Abbildung eines blühenden Baums kann für den einen der Inbegriff von Wachstum und Frische sein, den anderen erinnert sie an Heuschnupfenqualen.

Wichtig bei der Auswahl von Kunstgegenständen ist, dass Sie sich innerlich angesprochen fühlen und dass Sie mit dem Motiv ein positives Gefühl verbinden. Ein Kunstwerk kann noch so teuer und berühmt sein – wenn es für Sie die unpassende Information aussendet, nehmen Sie Abstand davon.

Bei Kultgegenständen sollte man sich über ihre ursprüngliche Herkunft und ihren Sinninhalt genau informieren. Handelt es sich um einen Gegenstand, der für eine Bestattungs- oder Kriegszeremonie verwendet wurde, trägt er diese Information in sich und strahlt sie aus. Prüfen Sie die Assoziationen, die mit diesem Gegenstand verbunden sind, und ob Sie diese in Ihrem persönlichen Umfeld haben möchten.

Wie wirke ich selbst auf andere?

Was sagt mein Äußeres über mich? Diese spannenden Fragen werden in Frauenzeitschriften mit neuen und alten Erkenntnissen wöchtentlich aufgelegt. Beobachten Sie genau: Durch Kleinigkeiten erhält man oft Hinweise auf die Art, wie die betreffende Person ihr Leben lebt.

Nehmen wir beispielsweise Nagellack. Ist er perfekt aufgetragen – und das jedesmal, wenn man die Person sieht – deutet das auf Strukturiertheit und Detailorientiertheit hin. Wenn dann auch noch die Fußnägel ebenso perfekt und in derselben Farbe gestylt sind, ist dies ein weiterer Hinweis auf das Vorherrschen der Metallenergie.

Sieht man unter dem Nagellack Schmutzränder, und stimmen die Hand- und Fußbemalung nicht überein, spielt das Element Holz eine große Rolle. Hier zeigen sich die typischen Holzmerkmale Spontaneität, Flexibilität, die Dinge nicht immer zu

WAHRNEHMUNGSÜBUNG

Schulen Sie Ihre Sinne und Ihre Sinnlichkeit

Viel zu wenig Aufmerksamkeit schenken wir dem bewussten, sinnlichen Wahrnehmen der Umwelt durch Berühren. Können Sie spontan nachfühlen und sagen, wie sich Ihr Autositz anfühlt oder die Oberfläche Ihres Schreibtisches? Mit der Beschaffenheit von Oberflächen ändert sich die Atmosphäre des Raums – glatte Oberflächen beschleunigen die Energie, offenporige bremsen den Energiefluss (siehe auch Seite 111).

Verblüffen Sie sich und Ihre Umwelt einmal mit ungewohnten Berührungsreizen, um das Bewusstsein für den Tastsinn zu wecken. Vor allem Kinder lieben dieses Experiment, und für jeden Erwachsenen ist es ein Anstoß, seine Achtsamkeit wieder zu schulen. Überziehen Sie beispielsweise mal den Türgriff, das Treppengeländer oder die Schrankgriffe mit Fell oder Gumminoppen. Kleben Sie auf die Lichtschalter mit doppelseitigem Klebeband Noppen oder ein Stückchen Leder. Überziehen Sie die Sitzfläche der Esszimmerstühle mit Alufolie oder nehmen Sie ein anderes, völlig unerwartetes Material. Machen Sie sich einen Spaß daraus, Ihre Freunde zu überraschen, und beziehen Sie die Wein- und Bierflaschen mit Lederimitat. Verändern Sie den Eindruck Ihres Sofas mal mit Kuschelkissen, mit Wollüberzügen, mit einem kühlen, glatten Material, und lassen Ihre Kinder oder Partner spüren und erzählen, was sie fühlen. Gönnen Sie sich Bettwäsche aus glattem, kühlem Satin und beziehen Sie das Bett beim nächsten Wechsel mit Frottee- oder Biberqualität.

Ende zu führen, und lockerer Umgang mit Konventionen. Erdbetonte Nagellackträgerinnen erkennt man an der Fülle, in der die Farbe aufgetragen wurde. Hierzu eine kleine Geschichte: Bei meinem Frisör machte eine hübsche, üppig proportionierte junge Dame mit fülligem, lockigem Haar eine Ausbildung. Noch nie hat mir jemand so wundervoll die Haare gewaschen. Ein wohliges Gefühl breitete sich mit dem schäumenden Shampoo auf meinem Kopf aus, und mit angenehmer Großzügigkeit massierten ihre Hände meinen Kopf. Schon vom Äußeren war alles an ihr erdbetont, auch ihre wohlige Ausstrahlung. Diese Fülle und Üppigkeit, diesen Reichtum gab sie an mich weiter.

- Nehmen Sie die kleinen Äußerlichkeiten wahr – so lernen Sie Ihr Gegenüber besser einzuschätzen und Handlungsweisen besser zu verstehen.

Kleidung ist ein Spiegel Ihrer Seelenlage

Vielleicht haben Sie momentan das Thema Selbstsicherheit zu bearbeiten? Dann werden Sie nach erdbetonten Farbtönen und Schnitten greifen. Wenn Sie dieses Thema bearbeitet haben, geraten diese Kleidungsstücke in Vergessenheit. Auch nach fünf Jahren werden Sie nicht mehr nach ihnen greifen, weil Sie sich verändert haben und sie Ihnen nicht mehr gefallen.

Dazu gehören natürlich auch die Frust- und Fehlkäufe, die in einer ganz besonderen Stimmung gemacht werden. Diese Stimmung entspricht einem momentanen emotionalen Zustand, der sich dann in Ihrer Ausstrahlung und Aura widerspiegelt. Dann fällt Ihr Blick, also Ihre Energie, auf entsprechende Dinge, und Sie sind plötzlich der Meinung: „Die halbdurchsichtige, lindgrüne Bluse mit Rüschchen steht mir eigentlich ganz hervorragend und verändert mich irgendwie positiv. Sie macht einen ganz anderen Typ aus mir, viel attraktiver. So etwas Ähnliches hat Heidi Klum neulich angehabt, das sah wirklich gut aus.“ Und das alles, obwohl

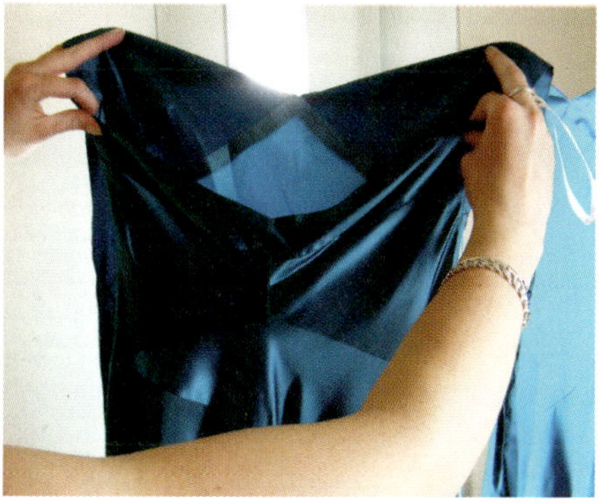

▲ In schlechter Stimmung kaufen wir gerne mal etwas, das nicht zu uns passt.

Sie sonst niemals Rüschchen tragen und es das erste lindgrüne Stück in Ihrem Schränk wäre. Am nächsten Tag – spätestens, wenn die Phase vorbei ist und sich Ihr Seelenzustand wieder normalisiert hat – gefällt Ihnen die Bluse schon nicht mehr so gut, und nach einiger Zeit und wiederholtem Probekombinieren mit den Dingen, die Sie sonst gerne tragen, stellen Sie fest: Es war ein Fehlkauf.

Daher mein Rat: Kaufen Sie nie Kleidung, wenn Sie sich emotional durcheinander oder frustriert fühlen. Sie tun weder Ihrem Geldbeutel noch Ihrem Schrank etwas Gutes und machen sich nur zusätzliche Arbeit durch das unweigerlich folgende Aussortieren. Denn das Problem ist: Die Klamotten müssen weg, sie binden ja Energie.

Viele Menschen können Kleidungstücke aus den folgenden Gründen nicht loslassen:
Weil sie einmal teuer waren: Bieten Sie die Kleider Menschen an, von denen Sie wissen, dass sie deren Stil und Größe entsprechen oder die sich schon positiv über Ihren Geschmack und Ihre Kleidung geäußert haben. Oder verschenken Sie die Kleider an Frauenhäuser oder karitative Einrichtungen. Oder versuchen Sie Ihr Glück in einen Secondhandshop.

Weil man nach dem Abnehmen wieder hineinpasst: Diesen Fall habe ich in vielen Jahren Praxis selten erlebt. Fakt ist: Man setzt sich mit der Hälfte des Schrankinhalts unter Druck, endlich abnehmen zu *müssen*. Und Druck erzeugt Gegendruck. Das ist, wie wenn man beschließt, mit dem Rauchen oder dem Süßigkeitenessen aufzuhören. Gerade dann passieren außergewöhnliche Ereignisse, und man raucht und isst besonders viel. Nehmen Sie den Druck weg, entspannen Sie sich und akzeptieren Sie sich so, wie sie gerade sind. Sie bearbeiten gerade einen Abschnitt Ihres Lebensweges, und zwar auf allen Ebenen – seelisch, geistig und körperlich. Geben Sie die Kleidungsstücke weg, die Ihnen zu eng sind, und stellen Sie sich eine passende, gut kombinierbare Garderobe zusammen, die Ihnen gefällt.

- Eine passende Garderobe spiegelt Sie in Ihrem momentanen energetischen Zustand wider und gibt Sicherheit

Schuhe

Wir verbringen viele Stunden in ihnen, stehen auf ihnen, sie sind unsere Verbindung mit dem Boden, auf dem wir stehen. Überlegen Sie sich einmal die Aussage und Symbolik der folgenden Sätze „Wer keinen festen Stand hat, verliert leicht das Gleichgewicht“, „sie hat keinen guten Stand (in der Firma/in der Familie)“, „ihr fehlt die Basis“, „sie hat kein Standing“.

WAHRNEHMUNGSÜBUNG

Ihre innere Stimme ist Ihr siebter Sinn

Lernen Sie wieder, auf Ihre innere Stimme zu hören, und spüren Sie nach, was Ihr Gefühl Ihnen rät, wenn Sie etwas ändern wollen. Prüfen Sie, was Ihr Verstand sagt, und lassen Sie Ihr Gefühl das „Zünglein an der Waage“ sein. Werden Sie sich klar darüber, welchen Eindruck, welche Konsequenz Ihre Änderung bewirken kann. Meist wissen wir in unserem tiefsten Inneren, wohin wir gehen oder was wir unternehmen sollten. Nur ist das oft von „Du-sollst-, Du-musst-, Du-darfst-nicht“-Glaubenssätzen zugeschüttet.

Mir ist es schon oft passiert, dass ich aus einem Gefühl heraus gehandelt habe und sich dies als großes Glück herausstellte. Vor einiger Zeit fuhr ich eine schmale, eigentlich unbefahrene Weinbergstraße hinauf und hatte plötzlich das Gefühl, ganz langsam fahren zu müssen. Etwa 10 Sekunden später schoss ein Fahrradfahrer um die Ecke, mit dem ich mit meiner vorigen Geschwindigkeit unweigerlich zusammengestoßen wäre. So konnten wir beide noch ausweichen.

Dieser siebte Sinn steht jedem Menschen als feinstes Wahrnehmungs- und Warnwerkzeug zur Verfügung, wird aber leider viel zu wenig genutzt.

Gerade für Frauen gibt es da unerhörte Versuchungen mit hübschen Verzierungen und hohen Absätzen. Mit Schuhen steht und fällt ein Outfit. Aber durch Schuhe steht oder fällt auch das Bewusstsein für eine gesunde Körperlichkeit. Hohe Absätze verändern nachweislich den Druck auf die Wirbelsäule. Dadurch verändert sich das Zusammenspiel von Muskeln, Sehnen und Gewebe, und letztendlich führt das zu Veränderungen in der Halswirbelsäule. Wir finden die chinesische Tradition des Einbindens der Frauenfüße befremdlich, vor allem wegen der dahinter stehenden Absicht, die Frau als Lustobjekt für den Mann einzusetzen, was mit der Einführung des Schönheitsideals „zierliche Füße“ bemäntelt wurde. Aber was machen wir mit uns selbst? Kaum eine Frau hat nicht mindestens ein Paar wunderschöne, super unbequeme Schuhe im Schrank stehen, die höchstens zu vereinzelten Events, bei denen man möglichst viel sitzen kann, getragen werden.

Ihre Devise beim Schuhkauf sollte sein: Einen gut aussehenden Schuh mit gutem Stand zu finden. Hühneraugen, Blasen, Druckstellen und Überbeine, Muskelkater in den Beinen, Rücken- und Kopfschmerzen sind ein sicheres Zeichen, dass Sie Ihren Selbstwert im Schuhladen liegen gelassen haben.

- Von einer festen Basis aus lassen sich die Dinge besser verändern.

So stärke ich mich selbst

Ein Vorstellungsgespräch, eine Presseveranstaltung oder ein anderer wichtiger Termin steht vor der Tür und damit auch die aufregende Frage: Was ziehe ich an? Ihre Kleidung, Ihr Schmuck und die Accessoires, die Sie tragen, können Ihre charakterlichen Qualitäten unterstützen und Ihren Absichten Ausdruck verleihen. Durch die sorgfältige Auswahl der Farben und Muster, die Sie tragen, senden Sie unterschiedliche Signale aus, die im Unterbewusstsein wirken – bei sich und Ihrer Umgebung.

Welche Kleidung für welche Ziele?

Machen Sie sich bewusst, welche Qualität das Ereignis hat und was Sie dabei vermitteln und erreichen möchten.Wenn ich beispielsweise neue Projekte vorstelle, trage ich gerne Grüntöne, die die aufwärts strebende, frische Energie des Ostens, also des Neubeginns, symbolisieren. Das kann in Form eines Kleidungsstücks (Hose, Blazer, Bluse), aber auch durch Schmuck (grüne Ohrringe, ausdrucksvoller Ring) geschehen. Wenn es darum geht, Sicherheit und solides Wissen und Handeln zu vermitteln, fühle ich mich in erdverbundenen Braun- und Beigetönen wohler.

Annerkennung und Aufmerksamkeit unterstützen Sie mit Elementen der Feuerenergie. Hierzu gehören angenehme Rot- und Pinktöne, Muster oder Schmuck in Sternform oder anderen spitzen Formen und Seidenstoffe. Auch passender Lippenstift und Nagellack, beides perfekt aufgetragen, wirken gut.

Führungsqualität, Strukturiertheit und Vorausplanung unterstreichen Sie mit den Farben und Formen der Metallenergie. Feine graue Stoffe und weiße Blusen, Uhren, Brosche und Ohrringe aus kühlem Metall helfen Ihnen, Würde auszustrahlen und bei den Kollegen Respekt einzufordern. Möchten Sie auf Ihre Fähigkeit hinweisen, zu organisieren und zu delegieren, wählen Sie zu den Metallelementen rotbraune und warmrote Accessoires (Tuch, Halskette, Schal, Shirt). Der Farbakzent bricht die Distanziertheit des Metalloutfits, schafft Verbindung, Aufmerksamkeit und Vertrauen.

Die Qualitäten „pflegen", „unterstützen", „bewahren", „sich kümmern" drücken Sie mit Erdelementen aus: Braun, Gelb und Akzenten in schwarz, feiner Wolle und Leder. Ein breiter Ledergürtel betont die Mitte des Körpers – dies steht für Basis und Stabilität.

Entspannter und mehr im Lebensfluss fühlt man sich in Kleidungsstücken aus Seide, Samt, Spitzen und Voile, in Creme- und Pastellfarben und Perlenschmuck. Dies unterstützt innere Ruhe und Ausgeglichenheit, was auch nach außen wirkt.

Mit Grüntönen, Blaugrün, vertikalen Streifen, Leinen, Naturmaterialien und einem insgesamt lockeren Kleidungsstil unterstützen Sie die Kreativität. Hier hilft die Energie des Südostens und verleiht Frische und weckt Ideen. Wenn Sie sich mit Ihrer Kleidung zu sehr einengen, kommt auch der kreative Fluss ins Stocken.

Berücksichtigen Sie bei der Auswahl der Farbtöne auch Ihre Haut- und Haarfarbe.

Energie lenken mit Accessoires

Sicher kennen Sie die Situation: Ein wichtiger Termin steht an und ein großer Pickel ziert am Morgen Ihre Wange. Lenken Sie die Aufmerksamkeit Ihres Gesprächspartners oder der Zuhörer und bieten Sie ein anderes Objekt zum Draufschauen an, beispielsweise eine interessante Kette oder eine Brosche. Aber Achtung: Einem kurzen Rock wird zwar ebenfalls Aufmerksamkeit gewidmet, allerdings lenkt er auch sehr von Ihren intellektuellen Fähigkeiten ab! Das Gleiche gilt für ein tief ausgeschnittenes Top, viel Farbe im Gesicht oder vielen Ringen an den Fingern.

Körperhaltung

Sich selbst vorteilhaft zu präsentieren ist keine Kunst, es bedarf nur Bewusstheit: Erstens Bewusstheit von sich selbst und zweitens von der Situation und der Anforderung, die dahinter steht. Wenn Sie an Ihrem äußeren Auftritt etwas zum Positiven hin verändern, wirkt sich das auch auf Ihre innere Verfassung aus.

Beobachten Sie sich: Wie ist Ihre Körperhaltung? Stehen Sie „mit beiden Beinen im Leben“? Wie sitzen Sie? Halten Sie sich gerade, oder sitzt Ihnen „die Angst im Nacken“? Sitzen oder stehen Sie ruhig oder hampeln Sie ständig hin und her? Wie wirkt ein Mensch auf Sie, der sich „krümmt“ und „windet“? Wie wirkt solch ein Mensch auf einen Personalchef?

Üben Sie vor dem Spiegel bewusst, sich selbst den „Rücken zu stärken“: Verteilen Sie gleichmäßig Ihr Gewicht auf beide Beine. Spannen Sie die Muskeln des Beckenbodens und auch die Bauchmuskeln um Ihren Bauchnabel. Richten Sie Ihren Oberkörper auf, indem Sie sich vorstellen, dass ein unsichtbarer Faden – wie bei einer Marionette – an Ihrem Burstbein nach oben zieht. Halten Sie Ihren Kopf gerade und blicken Sie Ihrem Spiegelbild in die Augen. Lockern Sie Ihre Schultern, ohne dass die aufgebaute Körperspannung nachlässt. Spüren Sie nach, wie es sich anfühlt, aufrecht zu stehen. In dieser aufrechten Haltung gehen Sie nun auch im Zimmer auf und ab und verlagern dabei bewusst Ihr Gewicht von einem Bein auf das andere. Das macht Ihnen bewusst, wie Sie nach einer Gewichtsverlagerung dastehen und wirken, wie sich Ihr Schwerpunkt verlagert und wie Sie aus der Mitte oder aus dem Gleichgewicht geraten.

Gestik

Sie können Ihre Präsenz durch Ihre Gestik ausweiten und sich größere optische Aufmerksamkeit verschaffen. Beobachten Sie sich: Gebrauchen Sie beim Sprechen Ihre Hände? Erzählen Sie sich eine Geschichte und setzen Sie dabei bewusst Ihre Hände und Arme ein. Probieren Sie vor dem Spiegel Gesten und Armbewegungen aus.

Wenn Ich elne Rede halte, betone Ich optisch folgende Punkte: Mund (= liefert Informationen), Augen (= halten den Kontakt zu den Zuhörern), Kette/Ring (= lenken die Aufmerksamkeit). Besondes mit Letzterem lassen sich Gesten hervorragend unterstreichen. Ich habe die Erfahrung gemacht, dass Zuhörern das Gesagte viel länger im Gedächtnis blieb, wenn die Aussage mit einer Beschreibung (= Geste) gekoppelt war, die zusätzlich noch durch einen auffallenden Ring unterstützt wurde. Nach eigenen Vorträgen fiel mir bei den anschließenden Gesprächen mit Zuhörern oft auf, dass sie sogar meine Gestik unbewusst nachahmten.

Veränderungen vornehmen

Definieren Sie klar Ihre Ziele und räumen Sie Blockaden aus dem Weg – das ist Grundlage für erfolgreiche Feng-Shui-Maßnahmen.

Wenn Sie mit Feng-Shui-Maßnahmen Ihre innere Welt verändern, wird sich auch gleichzeitig etwas in Ihrer Außenwelt verändern – und umgekehrt. Beides ist untrennbar miteinander verbunden und steht in Resonanz miteinander, denn Sie wissen ja: Wie das Außen, so das Innen.

Ihr Wunsch ist das Ziel

Wenn Sie in Ihrem Leben etwas ändern möchten, besteht der erste Schritt darin, dass Sie über die verschiedenen Lebensbereiche nachdenken (Seite 92 ff.): Wo sind Sie unzufrieden, wo empfinden Sie ein Ungleichgewicht, wo besteht Handlungsbedarf? Überlegen Sie gut und seien Sie ganz ehrlich zu sich selbst, denn nur was wir bewusst wahrnehmen, können wir ändern. Schauen Sie sich die Gefühle, die durch das Nachforschen hervorkommen, genau an, lassen Sie sie zu und schreiben Sie sie auf.

Wissen

Gewinnen Sie innere Klarheit

Wenn Sie Probleme mit einer Situation haben, unzufrieden sind und etwas verändern wollen, beantworten Sie sich folgende Fragen:

- Ist es das, was ich will?
- Bin ich mit der jetzigen Situation glücklich?
- Warum nicht?
- Was kann ich daraus lernen?
- Wie kann ich sie ändern?

Formulieren Sie nun ein Ziel oder einen Wunsch für diesen Lebensbereich. Stellen Sie sich dieses Ziel bildhaft vor, als wäre es bereits Wirklichkeit. Führen Sie sich das Bild von dem energetischen Band vor Augen, das alle Dinge miteinander verbindet (siehe Seite 57), und machen Sie sich die Kraft der Gedanken bewusst.

- Die Wirkung von Feng-Shui-Maßnahmen besteht unter anderem darin, dass Ihr Wunsch, Ihre Intention in einen realen Gegenstand „einprogrammiert“ wird.

Dieser Gegenstand erinnert Sie nun immer an Ihren Wunsch, damit Sie ihn nicht wieder aus den Augen verlieren. Dazu reicht ein einziges, auch kleines Objekt. Wichtig ist die Klarheit Ihrer „Programmierung". Das Aufstellen eines mit Ihrem Wunsch „programmierten" Gegenstandes erfordert Vertrauen. Sie müssen davon überzeugt sein, dass es funktioniert, sonst untergraben Sie Ihr Unterbewusstsein (siehe unten).

Arbeiten Sie an Ihren inneren Glaubenssätzen (Seite 73 f.) und behalten Sie dabei immer Ihre Zielvorstellung im Bewusstsein. Unterstützen Sie die Veränderungen, indem Sie kreativ werden – das hilft bei der Lösung von Problemen (Seite 72). Arbeiten Sie parallel auch im Außen, indem Sie den dazugehörigen Lebensbereich in Ihrer Wohnung aktivieren (Seite 90 ff.).

Wissen

Nicht zu viel auf einmal

Setzen Sie Prioritäten und nehmen Sie sich einen Lebensbereich nach dem anderen vor. Dann können Sie auch besser erkennen, was sich verändert hat.

Sind Sie wirklich innerlich bereit?

Manchmal möchte man gerne eine Situation verändern, analysiert und ergreift dann eine Maßnahme – und es tut sich nichts. Vielleicht fällt es Ihnen schwer, gerade diese schwierige Situation loszulassen, vielleicht haben Sie sogar im Grunde genommen Angst vor der Veränderung. Wir neigen ja gerne dazu, etwas beim Alten zu belassen, um uns nicht an etwas Neues gewöhnen zu müssen.

- Wenn wir uns eine Maßnahme vornehmen, aber unbewusst einen Widerstand einbauen, kann Feng Shui nicht funktionieren.

Ein Beispiel: Sie wünschen sich einen neuen Partner und aktivieren die Partnerschaftszone (siehe Seite 100) in Ihrem Schlafzimmer durch ein Bild, das für Sie Partnerschaft und Liebe symbolisiert. Außerdem besuchen Sie einen Salsa-Kurs und sind Mitglied in einer Freizeitgruppe. Aber kein Partner stellt sich ein, oder nicht der Richtige. Hier gilt es, zu schauen, welche Einstellung man *wirklich* hat. Vielleicht geht man gerade heute aus dem Haus und hat nicht das Richtige an, oder man meint, man sieht zurzeit nicht so gut aus, oder man hat den nächsten Urlaub schon geplant, und es herrscht unbewusst die Meinung, dass der Zeitpunkt danach besser wäre, um jemanden kennen zu lernen, oder ... Hinter all diesen kleinen Ausflüchten versteckt sich womöglich die Meinung, dass ein Partner die Lebensgewohnheiten verändern könnte oder er in der Küche krümelt oder dass man sowieso grundsätzlich verletzt wird ...

Sind solche Ängste vorhanden, dann fehlt Ihre volle Bereitschaft für das Wirken jeglicher äußeren Maßnahme. Sie sind zwar äußerlich bereit, Ihre Seele aber nicht. Ihr Unterbewusstsein wird alles Mögliche tun, Ihre Tätigkeiten und Überzeugungen zu sabotieren.

Um mehr Klarheit zu erlangen, können Sie eine Liste mit allen Bedenken machen, die Ihnen einfallen, egal wie dumm sie sich anhören. Werden Sie sich klar darüber, ob Sie nicht erst sich selbst stärken und ins Gleichgewicht bringen sollten, bevor Sie sich wieder zu sehr auf einen neuen Partner stützen.

- Mit Äußerem Feng Shui können wir Prozesse anstoßen und Entwicklungen unterstützen, echte Veränderungen aber können nur aus uns selbst heraus kommen.

Manchmal sitzen die unbewussten Blockaden sehr tief und hängen mit der Ursprungsfamilie zusammen. Hier kann „Familienstellen nach Bert Hellinger" weiterhelfen. Zu diesem Thema finden Sie einige Buchtitel im Anhang, um sich ein Bild dieser Vorgehensweise machen zu können. Hier und bei allen anderen Methoden zur Selbsterkenntnis, wie Psychotherapie und -analyse, gilt: Fühle ich mich berührt oder angesprochen, ist es ein guter Weg für mich.

Innere Räume aufräumen und wieder nutzen

Ein ungenutzter Raum endet als Rumpelkammer und verwaist. Der Energiefluss in Ihrer Wohnung, also auch in einem bestimmten Lebensbereich, kommt dort ins Stocken, es gibt Blockaden, und es geht nicht mehr weiter. Ebenso ist es mit inneren Räumen. Füllen Sie einen Lebensbereich nicht aus, kann es zu Gefühlen der Leere und Unzufriedenheit kommen. Fragen kommen auf wie „Ist das schon alles" oder „Warum bekomme ich dies oder das nicht, sondern nur die anderen".

Wenn Sie beispielsweise den Bereich Freizeit und Entspannung zugunsten der Arbeit vernachlässigen, wird sich dies früher oder später in Ihrer Gesundheit und Kreativität niederschlagen. Dies wiederum beeinflusst die Qualität

Ihrer Arbeit. Haben Sie früher viel Sport getrieben, musiziert oder gemalt und gehen diesen Interessen nun nicht mehr nach, dann erfordert dieser Bereich dennoch ein gewisses Maß an Aufmerksamkeit.

Verschwindet Ihre Kreativität in der inneren Rumpelkammer, wird sie auch in anderen Bereichen, in der Sie sie nutzen wollen, versiegen, da Sie sie ja nicht nähren.

- Werden Sie wieder kreativ. Wenn Ihre Kreativität in Fluss ist, hilft Ihnen das bei der Lösung jedes Problems.

Weg mit falschen Glaubenssätzen!

Ist Ihr innerer Raum für Selbstachtung voll gerümpelt mit Glaubenssätzen wie „Das kann ich nicht", „Die anderen sind besser als ich" oder dergleichen, wird sich jede Aufgabe, der Sie sich widmen, als ungeheuer schwierig darstellen und das Ergebnis missraten. Sie sehen alles verzerrt wie durch eine Linse, die Ihr Selbstwertgefühl verkleinert. Für Ihre innere Ausgeglichenheit und ein erfülltes Leben in allen Bereichen müssen Sie sich an alle Glaubenssätze herantasten, die Sie behindern. Mit Feng-Shui-Maßnahmen nur Veränderungen in der Umgebung vorzunehmen, ohne auch die innere Welt einzubeziehen, ist kaum möglich. Aus diesem Grund müssen wir unser Selbst- und Weltbild überprüfen, denn es ist meist geprägt von übernommenen Glaubenssätzen und fremden Meinungen. Diese Glaubenssätze bilden energetische Blockaden in unserem Unterbewusstsein und bewirken, dass wir nicht die Realität, sondern ein verzerrtes Abbild davon wahrnehmen. Wenn man in der Jugend beispielsweise ständig gehört hat, dass man dies nicht kann und für das nicht geschickt genug ist, dann prägt sich dies als Glaubenssatz im Unterbewusstsein ein – das Eigenbild wird durch die Meinung anderer geprägt.

Ein Weg, aktiv gegen diese einengenden Grundmuster vorzugehen und wirkliches Vertrauen in sich selbst zu finden, ist die bewusste Beschäftigung mit den eigenen Gedanken, indem man sich selbst Fragen stellt.

Teilen Sie ein Papier in mehrere Spalten auf:

- In die erste Spalte schreiben Sie Ihren Glaubenssatz, beispielsweise: „Meine Geschenke taugen nichts."

- Notieren Sie in der Spalte daneben, wie Sie sich den Idealfall vorstellen, was Sie sich wünschen, was das Ziel ist: „Der Beschenkte freut sich über mein Geschenk, er findet mich super gut. Ich bekomme Anerkennung …"
- In die nächste Spalte schreiben Sie, was Sie daran hindert, es so zu machen: „Ich muss Geschenke immer in Hektik besorgen, selbst, wenn ich mir vornehme, sie rechtzeitig zu kaufen, schieben sich immer unerwartete Dinge dazwischen, und dann ist es am Ende wieder zu spät …"
- In die vierte Spalte schreiben Sie, was Sie bewusst daran ändern können, um das Ziel zu erreichen: „Ich lege mir rechtzeitig einen Tag für den Einkauf fest und blockiere diesen Termin wie bei sehr wichtigen Events. Ich rufe mir bewusst Äußerungen oder Vorlieben der Person ins Gedächtnis. Wenn ich das Gefühl habe, dass ich gerade etwas Passendes gefunden habe, mache ich keine Kompromisse, sondern nehme es. Ich denke darüber nach, wie ich selbst mit dem Annehmen von Geschenken umgehe. In meiner Wohnung schaue ich mir die Bagua-Lebensbereiche Segnungen/Wohlstand und Hilfreiche Freunde an."

- Oder Glaubenssatz: „Ich kann mich nicht richtig ausdrücken, anderen hört man zu und erkennt sie an."
- Wie stellen Sie sich den Idealfall vor, was wünschen Sie sich, wie ist das Ziel: „Ich werde gehört und anerkannt. Ich werde bemerkt. Man ist interessiert an meinem Beitrag, man hat Interesse an mir, man bewundert meine Intelligenz …"
- Was hindert Sie daran, es so zu machen? „Das habe ich in der Schule nie richtig gelernt, auch zu Hause gab es keine Anleitung dazu, ich musste immer still sein … Ich weiß nicht, wie ich das machen soll. Ich fühle mich unsicher."
- Was können Sie bewusst daran ändern, um das Ziel zu erreichen? „Ich besuche ein Rhetorikseminar und lese ein Buch über Körperhaltung und Körpersprache. Ich stelle mich zu Hause vor einen Spiegel und spreche wie zu einer anderen Person. Ich überprüfe meine Haltung und meine Gestik. Ich denke über meine Selbstachtung nach. In meiner Wohnung schaue ich mir den Bagua-Lebensbereich Ruhm und Anerkennung an."

Auf diese Art und Weise können Sie sich jedem Lebensthema und Glaubenssatz nähern. Natürlich gibt es Grenzen, und manchmal bedarf es der Hilfe von außen. Inneres Feng Shui kann Sie auf Ihrem Weg begeleiten und unterstützen, und es kann Sie bei der Analyse der verschiedenen Lebensbereiche auf die „richtige" Spur bringen. Denn innere Unstimmigkeiten lassen sich im Außen erkennen.

Situationen ansprechen

Wenn Sie das Gefühl haben, es ist etwas nicht in Ordnung, sprechen Sie es aus und ziehen Sie sich nicht einfach in sich zurück. Ihr Partner oder Ihr Kollege und auch Sie selbst haben sonst keine Orientierung, was in Ihnen gerade passiert und wie es für beide weitergehen soll. Das führt zu Verunsicherung und die raubt Ihnen Energie.

Kennen Sie das Gefühl, das entsteht, wenn sich die Stimmung Ihres Gesprächspartners plötzlich verändert und Sie keine Ahnung haben, was dahinter steckt? Wie ist das für Sie? Überlegen Sie dann nicht ständig, was Sie nun gesagt oder getan haben, um diesen Wandel zu bewirken? Spätestens zu diesem Zeitpunkt ist Ihre Aufmerksamkeit mit zwei Dingen beschäftigt: Erstens mitzubekommen, was der andere sagt, um nicht aus dem Gespräch zu fallen, und zweitens zu analysieren beziehungsweise Gründe suchen, was sein könnte. Ihre Aufmerksamkeit und damit Ihre Energie ist geteilt – kein guter Ausgangspunkt für harmonische und konstruktive Gespräche.

Wir empfinden den plötzlichen Stimmungswechsel als energetischen Entzug, wie wenn man aus einer schützenden Hülle fällt. Dies ist für beide Seiten unangenehm. Nicht nur für den Verunsicherten, sondern auch für den Verunsicherer, denn dieser fühlt sich ja in irgendeiner Weise ebenfalls gekränkt oder missverstanden.

Je klarer wir Situationen gestalten und Dinge ansprechen, desto klarer und fließender gestaltet sich unser Leben.

▲ Sprechen Sie die Dinge klar an – das setzt Energien frei.

Ausmisten, entrümpeln, aufräumen

Wenn Sie nun innere Klarheit gewonnen haben und Ihr Ziel feststeht, ist es an der Zeit, sich auch dem Außen zuzuwenden.

Der erste Schritt, in Ihrem Leben etwas zu verändern, beginnt mit dem bewussten Aufräumen und Putzen Ihrer Wohnung, denn Müll, Staub und unnötige Dinge blockieren den Energiefluss. Machen Sie einen erweiterten Frühjahrsputz, der alle Ecken und Winkel vom Keller bis zum Dachboden umfasst. Danach fühlen Sie sich freier, und viele Dinge kommen ganz von selbst in Fluss.

Stellen Sie sich vor, dass Sie mit allem, was Sie besitzen und angesammelt haben, durch leuchtende Fäden in Verbindung stehen. Vermutlich werden Sie als inneres Bild ein dichtes Netzwerk sehen, das oft kaum noch Platz zum Bewegen lässt. Und genau so fühlt man sich. Menschen mit viel Gerümpel und Angesammeltem klagen oft über Energielosigkeit und Müdigkeit, und manchmal erscheinen sie uns auch recht unbeweglich und starr.

- Aufräumen und Ausmisten setzt Energien frei: Indem Sie Ihre nächste Umgebung sichten, ordnen und sich von unnötigen Dingen verabschieden, verändern Sie auch etwas in Ihrem Inneren.

Verabschieden Sie Lebensabschnitte durch Ausmisten. Wenn eine Partnerschaft zu Ende gegangen ist – sei es durch Trennung oder Tod –, ist es an der Zeit, sich davon zu lösen. Betrachten Sie die einzelnen Dinge, verabschieden Sie sich von ihnen – und somit auf einer energetischen Ebene auch von Ihrem Partner – und geben Sie sie weg. Erinnerungsstücke, die Sie wirklich behalten möchten, stellen Sie bewusst auf, oder Sie verstauen sie im Schrank in einer schönen Schachtel.

Geschenke

Es ist Weihnachten, und wieder bekommt man eine grauenvolle Vase geschenkt, die ab jetzt in der Ecke des Wohnzimmerregals, neben diversen anderen Unikaten, herumsteht. Welchen Grund gibt es, sich mit Dingen, die man geschenkt bekommen hat und hässlich oder unbrauchbar findet, zu umgeben? Weil es einem peinlich ist, wenn der Schenker wieder vorbeikommt und nach seinem Geschenk fragt, das man diskret entsorgt hat?

Falsch. Ihre Wohnung ist Ihr Spiegel. Sie gehört Ihnen, und Sie müssen entscheiden, was Sie in Ihr Leben lassen. Was Sie nicht mögen, geben Sie weiter. Es nimmt den Platz weg für Dinge, die zu Ihnen gehören und besser passen. Auch

Tipps zum Ausmisten

GUT ZU WISSEN

- Besorgen Sie sich Kartons, Schachteln, dicke Stifte zum Beschriften und Mülltüten.
- Fangen Sie mit einem Raum an. Nehmen Sie sich dort nur einen Schrank vor. Wenn Sie danach Lust haben, weiterzumachen, ist das gut, aber beenden Sie grundsätzlich das Angefangene.
- Schauen Sie sich die Dinge genau an. Alles, was keinen Sinn mehr für Sie hat, ungeliebt ist, keine Funktion mehr hat oder seit langem auf eine Reparatur wartet, können Sie unbedenklich verschenken, verkaufen oder wegwerfen.
- Dinge, die Sie aufbewahren wollen, weil sie immer wieder in Gebrauch sind, bleiben da. Dinge, die Sie nicht direkt benötigen, können Sie in gut beschrifteten Kartons und Schachteln archivieren.
- Wenn Sie sich unsicher sind, ob Sie den Gegenstand entsorgen oder lieber doch noch aufbewahren sollen, packen Sie ihn in eine Extrakiste mit der Beschriftung „Unsicher" oder „?" und dem Datum. Diese Kiste sollte gut zugänglich am Lagerort (Keller, Dachboden, Abstellraum) stehen. Wenn Sie nach einem Jahr nichts davon benötigt haben, können Sie sich getrost fürs Entsorgen entscheiden.
- Putzen Sie den ausgeräumten Schrank oder Bereich und räumen Sie ihn wieder übersichtlich ein.
- Falls Sie ein Sammler sind. machen Sie es sich zur Angewohnheit, für jedes neue Stück ein altes wegzugeben.
- Machen Sie sich klar, dass Besitz bindet.

das diskrete Entsorgen in einen Schrank hilft da nicht weiter. Ihr Unterbewusstsein weiß, dass dort etwas liegt, was Ihnen nicht gefällt und nicht zu Ihnen gehört.

Angesammeltes

Loslassen bezieht sich auch auf die vielen Dinge, die man aufbewahrt, weil man sie eventuell noch brauchen könnte. Überlegen Sie einfach, wann Sie sie zum letzten Mal benötigt haben. Wenn das länger als zwei Jahre her ist, brauchen Sie sehr gute Argumente, um es noch zu behalten.

Vor allem bei Umzügen und Renovierungen im Haus stellt man fest, wie viel sich über die Jahre angesammelt hat. Beliebt sind zum Beispiel ganze Jahrgänge von Zeitschriften, um schnell mal nachschauen zu können. Falls Sie nicht ein ausgeklügeltes System der Archivierung haben, kann sich das „schnell mal" als undurchführbar erweisen.

Gerümpel und Aufgehobenes

Zum Gerümpel gehört alles, was keine Funktion mehr hat oder nicht mehr in

Ihr Leben gehört. Aufgehobenes sind Dinge, von denen man weiß und auf die man auch schnellen Zugriff hat. Wenn Sie Ihre Schränke und Räume ausmisten, gibt es sicher vieles, das Sie behalten wollen. Archivieren Sie es in gut beschrifteten Kartons, stellen Sie es ordentlich in Regale und bewahren Sie die Übersicht – egal, ob in einem Schrank in der Wohnung, im Keller oder auf dem Dachboden.

Diese Bereiche sind übrigens beliebte Gerümpelecken. Übersetzt steht der Keller für Ihr Unterbewusstsein, der Dachboden für Ihre Möglichkeiten und Aussichten. Gerümpel im Keller steht für Unbearbeitetes in Ihrem Unterbewusstsein und Dinge, die Sie vergessen wollen. Wenn Sie keinen Keller besitzen, dann übernimmt der Abstellraum diese Funktion. Gehen Sie hinein und schauen Sie nach.

Mit Gerümpel auf dem Dachboden kann man sich wunderbar vor Erkenntnissen und Veränderungen schützen, denn es lastet buchstäblich schwer auf den Schultern oder geht einem im Kopf herum. Gerümpel auf dem Dachboden behindert die Aussicht, schwächt die Entscheidungsfreude und bindet kreative Energien.

Sauberkeit

Jede Feng-Shui-Maßnahme verändert Energien im Raum. Einige Maßnahmen verstärken die vorhandenen Energien und somit auch die lähmende Energie des Schmutzes. Nachdem Sie ausgemistet haben, entfernen Sie die Spinnweben an Decken, Wänden und Lampen; reinigen Sie die vergessenen Ecken, die Ablagenflächen der Schränke, den Raum unter dem Bett und auf dem Schrank, die Bodenleisten und die vielen Winkel, die sonst keine Pflege und Beachtung bekommen. Und tun Sie dies ganz bewusst.

- Lernen Sie Ihre Wohnung (und im übertragenen Sinne sich selbst) im Detail kennen.

Energetische Reinigung

Die energetische Reinigung ist ein tief wirkendes Ritual, das schon in frühen Hochkulturen bekannt war. Bei uns erinnert der Fasching an den Brauch, die Geister des Winters auszutreiben. Mit Fratzenmasken und Geräuschen von Glocken und Rätschen rückte man ihnen zu Leibe. Dann folgte der Frühjahrsputz, der nicht nur der Sauberkeit diente, sondern dessen tieferer Sinn in der Reinigung von den Energien der Menschen und Tiere bestand, die sich

Auch ein Raum hat eine Geschichte

Wenn Sie eine neue Wohnung, ein neues Haus oder ein neues Büro beziehen, erkundigen Sie sich so gut wie möglich nach den Vorbesitzern. Sprechen Sie mit den bisherigen Bewohnern und den Nachbarn. Es ist wichtig, dabei so viel wie möglich in Erfahrung zu bringen, damit Sie die Energie in der neuen Umgebung einschätzen können. Oft wird eine ganze Reihe von Ereignissen, Situationen und Schicksalen erkennbar, die sich ähneln.

Endete beispielsweise die Ehe der letzten beiden Vorgängerpaare mit einer Trennung, herscht mit Sicher heit in den Räumlichkeiten viel Streitenergie, die in Ihre eigene Beziehung miteinfließen und zu Schwierigkeiten führen könnte. Verkauft ein älteres Paar sein Haus, weil die Kinder aus dem Haus sind und sie sich verkleinern möchten, ist dies eine gesunde und gute Entwicklung. Schlagen Sie sofort zu.

Übernehmen Sie Büroräume, weil die vorhergehende Firma expandierte und sich größere Räume suchen musste – sehr gut. Ist das Gegenteil der Fall und ein Konkurs fand auch schon bei deren Vormietern oder Vorbesitzern statt, lassen Sie besser Ihre Finger davon.

Ein Todesfall in einem Haus oder einer Wohnung muss auf jeden Fall berücksichtigt werden. Bei einem natürlichen Sterbefall ist der Tod als Übergang und Wandlung zu sehen und nicht problematisch. Eine energetische Reinigung (siehe Seite 82 f.) und eine Meditation, in der Sie dem Toten sagen, dass Sie nun die Wohnung mit Leben füllen und ihn verabschieden, reinigt die Atmosphäre. Ein gewaltsamer Tod oder sämtliche Formen von Missbrauch bringen viel negative Energie in die Räume und sollten bewusst und gründlich aufgelöst werden. Entsprechende ausgleichende Maßnahmen, die ein erfahrener Feng-Shui-Berater (Adressen siehe Seite 156) durchführen sollte, können energetische Prozesse bereinigen, bevor sie Ihnen oder Ihrer Familie schaden.

Gab es häufigen Mieterwechsel? Dann fühlte sich auch niemand so richtig zuständig für die Räume und deren Instandhaltung. Sie erkennen das meist an dem großen Umfang von erforderlichen Reparaturen.

Stand die Wohnung oder das Haus sehr lange leer, können Sie die stockende Energie förmlich spüren und riechen: Alles fühlt sich schwer an und riecht dumpf und muffig. Durch Putzen, Streichen und das Ritual der energetischen Reinigung bringen Sie die stockende Energie wieder ins Fließen.

Befindet sich Ihre Wohnung in einem Gebäude, das früher eine andere Nutzung hatte, beispielsweise Schule, Behörde oder Gefängnis? Dann sollten Sie eine professionelle energetische Reinigung durchführen lassen (Adressen siehe Seite 156). Das Gebäude erfüllte ja einen bestimmten Zweck, und die damit verbundenen Informationen und Energien sitzen tief und können viel Negatives mit sich bringen.

den ganzen Winter über fast ausschließlich im Haus aufgehalten hatten.

Ideen, Gedanken und Taten sind energetische Ereignisse, die einen Ort prägen. Jeder Gegenstand im Raum und der Raum selbst werden von diesen Schwingungen harmonisiert oder belastet. Diese energetische Vergangenheit strahlt auf uns ab und kann im ungünstigsten Fall auf unser Leben negativ einwirken (siehe Seite 79). Vor allem in alten Häusern, die schon Kriege und viele Generationen von Bewohnern gesehen haben, ballt sich eine zähe Masse an unterschiedlichster Energie. Hier kann man durch Nachforschen oft feststellen, dass sich Schicksale in Wohnungen ähneln.

- Eine energetische Reinigung dient der Auffrischung von Energie und sollte daher nach Zeiten der Sorge, Ungewissheit, Krankheit und nach einem Todesfall durchgeführt werden.

Es gibt verschiedene Möglichkeiten der energetischen Reinigung. Als besonders schönes Reinigungsritual empfinde ich die Reinigung mit Klang, die ich Ihnen ab Seite 82 beschreibe.

Ich hatte oft den Eindruck, dass in Situationen, in denen man nicht richtig weiß, was zu tun ist, oder man das Gefühl hat, dass sich nichts bewegt und alles stagniert, eine energetische Reinigung Wunder bewirkt. Die Dinge kommen wieder ins Fließen, so wie bei der Akupunktur von Blockaden im menschlichen Meridiansystem. Allerdings müssen sich die Dinge dabei nicht unbedingt nach unseren Vorstellungen entwickeln (siehe rechts).

Verstärkung durch mehrere Maßnahmen auf einmal

Wenn Ihnen im Moment ein bestimmtes Thema, beispielsweise die Beziehung zu Ihrer Herkunftsfamilie, besonders wichtig ist, können Sie den betreffenden Bagua-Bereich „Familie“ in Ihrer Wohnung durch entsprechende Gestaltungsmittel aktivieren – wie das im Einzelnen geht, erfahren Sie ab Seite 101. Zusätzlich können Sie diesen Bereich auch in einem weiteren Zimmer und, wenn Sie berufstätig sind, auch in Ihrem Büro, auf Ihrem Schreibtisch, ja sogar im Auto, aktivieren. Haben Sie sich beispielsweise vorgenommen, die Beziehung zu Ihren Eltern zu klären, können Sie – nach gründlichem Ausmisten und Reinigen – im Bagua-Bereich „Familie" Ihrer Wohnung eine große Grünpflanze aufstellen. Im Flur oder in einem weiteren Zimmer verstärken Sie die dortige Familienzone mit einem Bild der Eltern. In Ihrem Büro können Sie in den entsprechenden Bereich auf dem Schreibtisch eine Pflanze (als Symbol für Verwurzelung) stellen oder – wenn es um Stabilität geht – einen Stein, eine kleine Skulptur oder was Ihnen sonst als passender Gegenstand einfällt.

Was auch immer Sie verwenden, es unterstützt und verstärkt die Maßnahmen, die Sie in der Wohnung vorgenommen haben. Wichtig ist es, dass Sie eine genaue Vorstellung davon haben, was Sie in diesem Lebensbereich erreichen möchten.

Ergebnisse wahrnehmen

Nicht immer fallen die Ergebnisse Ihrer Maßnahmen gleich so aus, wie Sie es sich vorstellen. Stellen Sie sich beispielsweise vor, Sie bewerben sich für einen neuen Job, von dem Sie sich eine Verbesserung versprechen. Sie aktivieren den Bagua-Bereich „Lebensweg und Karriere" (siehe Seite 96) in Ihrer Wohnung mit Licht, räumen auf und entfernen alles alte Gerümpel mit der gedanklichen Intention, durch den neuen Job eine Verbesserung ihres Gehaltes und Ihrer Lebenssituation zu erreichen. Nun bekommen Sie jedoch den Job nicht und sind enttäuscht. Womöglich hören Sie aber ein halbes Jahr später, dass die betreffende Firma Konkurs gegangen ist oder gerade diese Abteilung geschlossen werden musste. Stattdessen ergibt sich eine Veränderung in Ihrer derzeitigen Firma, die für Sie neue Herausforderungen und sogar eine Gehaltsaufbesserung bietet.

Oder ein anderes Beispiel: Obwohl Sie den Bagua-Bereich „Partnerschaft" mit allen empfohlenen Maßnahmen aktiviert haben (siehe Seite 100), bekommen Sie von Ihrem ersehnten „Traummann" einen Korb. Nach einiger Zeit stellen Sie fest, dass der nette Typ aus dem Schreibwarenladen viel besser zu Ihnen passt und auch wirkliches Interesse an Ihnen hat.

Dann hat Feng Shui sehr gut gewirkt, denn unsere Vorstellungen entsprechen nicht unbedingt den energetischen Zusammenhängen, die um uns herum wirken. Durch die Maßnahmen Ihrer Intention wurden energetisch Prozesse in Gang gesetzt, die zum richtigen Zeitpunkt unweigerlich eintreten.

Energetische Reinigung mit Klang

Bei einem Einzug in eine neue Wohnung oder ein neues Büro, aber auch nach Krankheit oder Todesfall in der Wohnung ist dieses Ritual hilfreich, um die Umgebung von alten, negativ wirkenden Energien zu befreien. Aus Gewissenhaftigkeit sollte man dieses Ritual auch beim eigenen Auszug anwenden, um die Räume und Gegenstände von eigenen alten Belastungen zu reinigen. Auch in Situationen, in denen man keine Möglichkeiten mehr sieht, kann eine energetische Reinigung im übertragenen Sinne wieder zu klarer Sicht verhelfen.

Sie benötigen dazu

- Schälchen mit hochwertigem Wasser, beispielsweise Evian oder Vittel (für jedes Zimmer eines).
- Weihrauch als Klümpchen, die man auf Kohletalern abbrennt, oder als Räucherstäbchen.
- Feuerfeste Unterlage, falls Sie einen Kohletaler wählen.
- Kerzen (Teelicht im Gefäß).
- Duftlampe mit einem reinen ätherischen Öl, das Sie als angenehm empfinden.
- Glocke, Rassel, Zimbel, Triangel oder Klangschale in einem angenehmen, hellen Ton.

Vorbereitung

- Misten Sie aus, putzen Sie gründlich die Wohnung und bringen Sie den Müll weg.
- Suchen Sie eine ruhige, ungestörte Zeit für die Reinigung aus.
- Sie müssen sich fit und gesund fühlen.
- Sie dürfen nicht reinigen, wenn Sie menstruieren, eine offene Wunde haben oder schwanger sind, da der Organismus in diesen Fällen für negative Energien leichter angreifbar ist.
- Werden Sie sich darüber klar, was Sie erreichen möchten, und beziehen Sie bei einer Reinigung der gesamten Wohnung die Wünsche Ihrer Familie mit ein.
- Decken Sie alle offenen Lebensmittel zu.
- Schalten Sie alle Telefone ab, damit Sie nicht gestört werden.
- Duschen Sie oder waschen Sie sich zumindest sehr gründlich die Hände.
- Legen Sie allen Schmuck ab und, falls Sie eine Brille mit Metallgestell haben, möglichst auch diese.
- Öffnen Sie die Fenster.
- Stellen Sie in jedes Zimmer ein Schälchen mit dem Wasser sowie eine brennende Kerze.
- Zünden Sie den Weihrauch an und stellen ihn in die Mitte der Wohnung.
- Deponieren Sie Ihr Klanginstrument innen an der Eingangstüre, das ist Ihr Ausgangspunkt.

Reinigung

- Stellen Sie sich an Ihren Ausgangspunkt und sagen Sie der Wohnung, wer Sie sind und was Sie wollen. Sagen Sie ihr, dass Sie sie von allen negativen Gedanken und Vorkommnissen befreien möchten.
- Gehen Sie nun durch die ganze Wohnung, von Zimmer zu Zimmer, und klatschen Sie die Wände entlang und alle Ecken aus. Falls Ihnen Klatschen zu

anstrengend ist, können Sie auch Kastagnetten verwenden. Das Klatschen setzt Schwingungen in Gang, die die alten Energien lösen. Stellen Sie sich dabei immer vor, wie Sie die negativen Energien aufwirbeln und aus jeder Ritze klatschen. Ihre Gedankenarbeit unterstützt den Reinigungsprozess. Vielleicht erscheint Ihnen der Klatschton nach einiger Zeit verändert und immer heller.

- Nach dem Klatschen entfernen Sie den Weihrauch und löschen ihn.
- Waschen Sie sich nun sehr gründlich die Hände und Oberarme, dadurch säubern Sie sich von den aufgewirbelten negativen Energien.
- Stellen Sie die Duftlampe auf.
- Nehmen Sie Ihr Klanginstrument und machen Sie noch einmal die gleiche Runde. Nun aber sagen Sie Ihrer Wohnung, was Sie sich hineinwünschen: positive Energien, Gesundheit, Liebe, einen gelassenen Umgang mit den Kindern – alles, was Sie sich an Gutem wünschen. Mit dem hellen Klang erhält Ihre Wohnung eine neue, feinere Schwingung.
- Entfernen Sie die Wasserschälchen und reinigen Sie sie gründlich.
- Lassen Sie die Kerzen und die Duftlampe ausbrennen.

Wenn Sie nun durch Ihre Wohnung gehen, werden Sie den Unterschied spüren. Sie fühlt sich leicht und hell an. Andere Menschen werden den Unterschied ebenfalls merken. Meistens wird man gefragt, ob man gestrichen oder etwas verändert hat. Das freut einen dann, weil die Arbeit auf energetischer Ebene ja nicht offensichtlich ist. Seien Sie gespannt.

▲ Weihrauch in Form von Räucherstäbchen unterstützt die energetische Reinigung.

Auch auf Reisen können Sie beispielsweise ein Hotelzimmer energetisch reinigen, indem Sie das Fenster öffnen und den Raum kurz ausklatschen mit der Vorstellung, alle negativen Energien, die sich hier gesammelt haben, zu entfernen. Hierfür verwende ich gerne Räucherstäbchen mit Zitronengrasduft.

Wichtig: Reinigen Sie nur Ihre eigenen Räume, oder die, in die Sie einziehen wollen. Reinigen Sie nicht die Räume für andere Menschen, denn eine Reinigung setzt tiefe energetische Prozesse in Gang und greift tief in das Energiesystem Ihres Körpers ein. Dazu müssen Sie wissen, wie man mit diesen Energien und Informationen umgeht, um sich und den betroffenen Menschen körperlich oder geistig nicht zu schaden.

Feng Shui für alle Lebensbereiche

Familie, Liebe, Beruf – Feng Shui bietet Ihnen die Möglichkeit, durch gezielte Maßnahmen in Ihrer Wohnung Einfluss zu nehmen auf alle Lebensbereiche, die Ihnen gerade wichtig sind.

Bagua: Plan für die Lebensthemen

Bestimmte Bereiche Ihrer Wohnumgebung sind die Entsprechungen des momentanen Zustands Ihrer persönlichen Lebensthemen.

Die Lehre des Feng Shui basiert auf dem Grundsatz, dass unsere Wohnumgebung ein Spiegel für unser Leben ist, denn alles ist miteinander verbunden: wie das Innen, so das Außen. Bei jedem Lebensthema bestehen Analogien zu bestimmten Bereichen in Ihrer Wohnung. Der Zustand dieser Bereiche spiegelt somit die aktuelle Situation Ihrer Partnerschaft, Ihrer Finanzen, Ihrer Karriere oder anderen Lebensthemen.

◀ Das Bagua wird über den Grundriss der Wohnung gelegt.

Analogien: Wie das Innen, so das Außen

Befindet sich beispielsweise im Bereich Hilfreiche Freunde die Abstellkammer, in die die Dinge nur hineingeworfen und nicht bewusst und ordentlich verstaut werden, kann das Rückschlüsse auf Ihren Umgang mit der Hilfe und Unterstützung durch andere geben. Kann es sein, dass Sie das, was Ihnen entgegen gebracht wird, nicht schätzen?

Oder lagern im Bereich Lebensweg und Karriere die Überbleibsel Ihrer letzten Beziehung? Dann wäre es möglich, dass Sie es nicht schaffen, wieder eigene Wege zu gehen, und immer wieder über die Vergangenheit stolpern.

Haben Sie das Gefühl, dass die Anerkennung ausbleibt, obwohl Sie mehr arbeiten als Ihre Kollegen, kreativ sind und Projekte gut voranbringen? Dann schauen Sie sich den Bereich „Ruhm/ Anerkennung" an. Finden Sie dort blinde Fensterscheiben oder Dunkelheit, dann könnte das die Analogie zu Ihrer beruflichen Situation sein.

Wenn Sie diese Analogien nun von außen durch Feng-Shui-Maßnahmen angehen, machen Sie sich dabei Ihr Ziel und den Zweck der Veränderung bewusst. Wenn Sie beispielsweise die Abstellkammer aufräumen, denken Sie darüber nach, welche Hilfe und Unterstützung Ihnen durch diese oder jene Person zuteil wurde, wie gut diese Hilfe in dem Moment war und wie Sie darauf reagiert haben. Dadurch verändern Sie energetische Zusammenhänge. Machen Sie sich auch bewusst, wie Sie auf andere Menschen wirken, ob Sie sie beispielsweise enttäuscht haben, weil Sie Ihnen keinen Dank ausdrückten, und wie Sie damit zukünftig umgehen wollen.

Wissen

Das Bagua gilt überall

Das Bagua ist eine Art Karte, nach der neun Lebensbereiche dem Grundriss der Wohnumgebung zugeordnet werden. Das Bagua kann auf den Grundriss einer Wohnung, eines Hauses, eines Büros, eines Zimmers, eines Schreibtisches, eines Gartens eines Autos usw. angewandt werden.

Die Interpretation der Symboliken innerhalb der neun Lebensbereiche möchte Sie zum Nachdenken auffordern. Es bedeutet nicht, dass Unordnung im Bereich Partnerschaft zwingend zu einer Ehekrise führt. Es soll als Anregung verstanden werden, sich über Zusammenhänge und Lebensfragen Gedanken zu machen und Aspekte in Ihrem Leben genauer unter die Lupe zu nehmen.

So fertigen Sie das Bagua an

Zeichnen Sie den Grundriss Ihrer Wohnung möglichst maßstabgetreu auf und bezeichnen Sie die einzelnen Zimmer. Achten Sie auf architektonische Besonderheiten wie Kamin, Treppenhäuser, Erker – also auf alles, was von einem rechteckigen oder quadratischen Grundriss abweicht. Teilen Sie nun den Grundriss in neun gleich große Felder. Die Grundlinie des Bagua-Rasters mit den Feldern Wissen, Karriere, Freunde orientiert sich an der Position der Haus- oder Wohnungstür, die als Haupteingang zum persönlichen Lebensraum dient. Wohnen Sie über mehrere Etagen, gilt jeweils der obere Treppenabsatz als Eingang. Bei einzelnen Zimmern mit mehreren Türen ist es die meistgenutzte Tür.

Unregelmäßige Grundrisse

Bei einem unregelmäßigen Grundriss kann es sich um Erweiterungen oder Fehlbereiche handeln (siehe Abbildung unten): Wenn ein Raumbereich aus dem symmetrischen Ganzen hervorragt und weniger als fünfzig Prozent der Grundlinie einnimmt, handelt es sich um eine Erweiterung. Bei mehr als fünfzig Prozent gilt dieser Bereich nicht mehr als Erweiterung, sondern als Fehlbereich.

- Erweiterungen deuten auf ein Übermaß an der vorherrschenden Energie hin, Fehlbereiche auf einen Energiemangel. Hier werden Sie ausgleichen müssen.

Bei einem L-förmigen Grundriss (siehe Abbildung rechts) kommt es darauf an, wie viele Eingänge vorhanden sind. Gibt es an jedem Schenkel einen eigenen Eingang, werden beide Teile getrennt betrachtet. Gibt es nur einen Eingang, dann entstehen sehr große Fehlbereiche. Daher gilt diese Grundrissform im Feng Shui als besonders ungünstig.

In vielen Wohnungen ist der Balkon oder die Terrasse einfach ein im Freien liegender Teil des Wohnungsgrundrisses. Im Feng Shui gilt dies als Fehlbereich, der aktiviert werden muss. Ein verwaister Balkon, der sich in der Wohlstands- oder Partnerschaftszone befindet, hat möglicherweise mehr Einfluss auf Ihr Leben, als Sie meinen (siehe Seite 97). Lassen Sie diese Fläche nicht zur Abstellkammer verkommen, auch nicht im Winter, sondern beziehen Sie sie in Ihre Gestaltung mit ein. Immergrüne Pflanzen, Licht, Lichterketten, Windräder, alles, was man auch im Garten finden kann, ist hier geeignet.

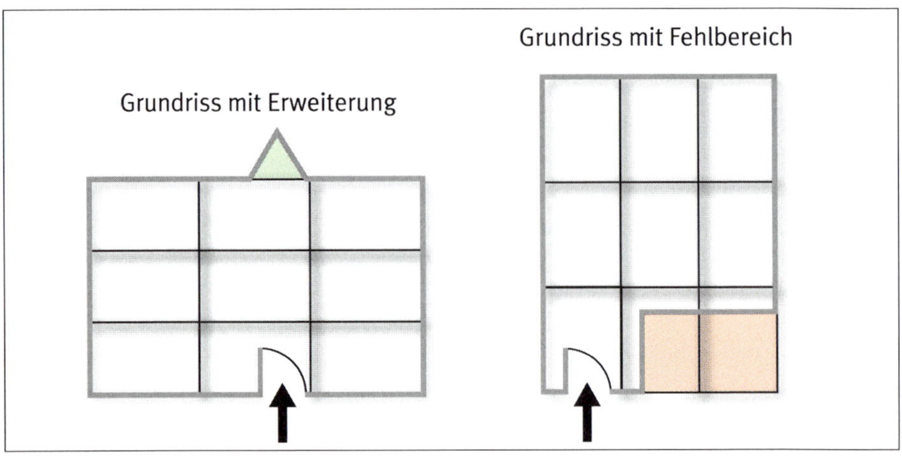

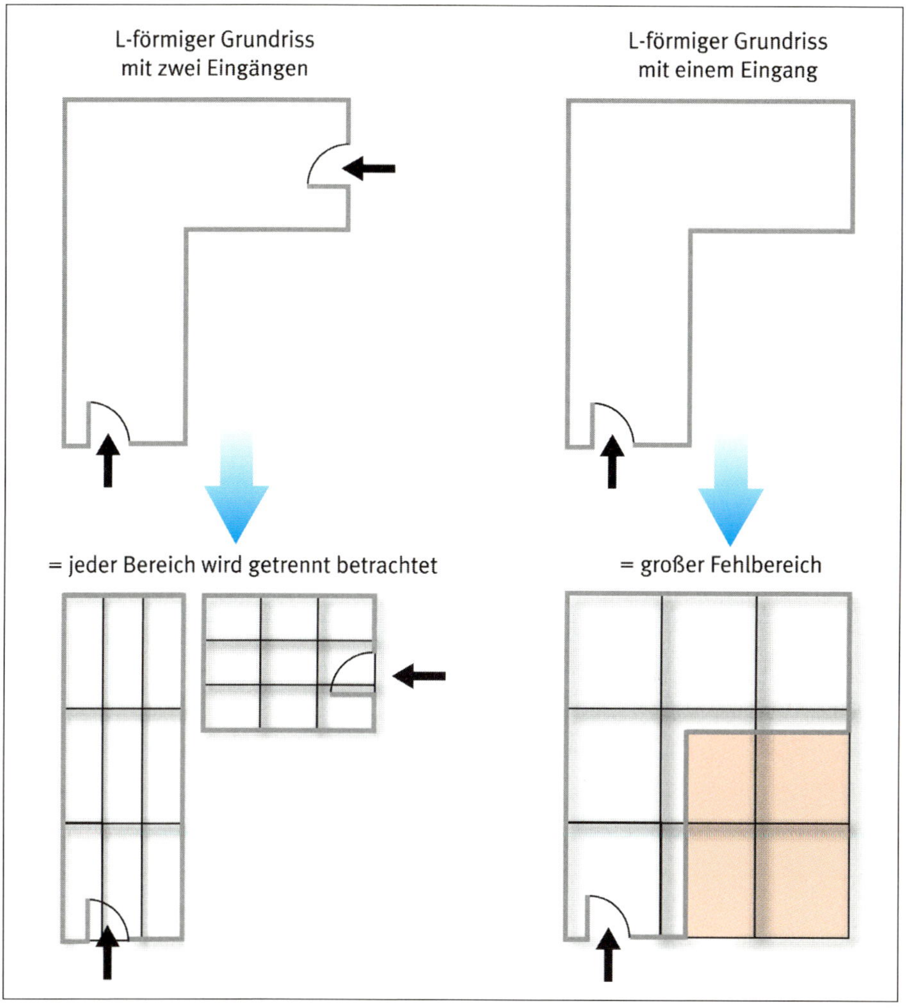

Das Bagua im Auto

Die Fahrertür liegt im Feld Wissen, das Handschuhfach im Bereich Segnungen/Wohlstand. Ein mit unnötigen Dingen voll gestopftes Fach und Müll auf dem Boden deuten auf blockierte Energie hin – Chancen und Hinweise werden nicht wahrgenommen, man hat das Gefühl, dass man viel arbeitet und zu nichts kommt oder keine Unterstützung erfährt. Abhilfe bringt Aufräumen und sinnvolle Organisation, beispielsweise für Notizen ein an der Konsole befestigter Block statt loser Zettel.

Aktivieren der Bagua-Zone

Nachdem Sie das Bagua auf Ihren Grundriss übertragen haben, schauen Sie sich den Bereich, mit dem Sie beginnen möchten, ganz genau an: Hat er zu viel (= Erweiterung), zu wenig (= Fehlbereich) oder die falsche Art von Energie? Was finden Sie vor? Schreiben Sie alles auf, was Ihnen auffällt, achten Sie auf die Symbolik der Bilder, welche Farben herrschen vor, gibt es Unordnung? Wird der Bereich gerne und oft genutzt oder ist es eine Gerümpelecke? Nach dieser Analyse können Sie den Bereich nun gezielt ausgleichen und aktivieren.

Wissen

Im Großen wie im Kleinen

Durch gezielte Maßnahmen können Sie eine Harmonisierung der Energieströme in der Wohnung herbeiführen und so den zugehörigen Lebensbereich positiv beeinflussen. Sie können aber auch ein Zimmer, das Ihnen am ehesten geeignet erscheint, auswählen und die entsprechende Zone aktivieren. Schauen Sie sich auch den Bagua-Bereich in Ihrem Büro, Ihrem Garten oder Ihrem Auto an. Da alles miteinander verbunden ist, wirkt es sehr verstärkend, auch hier entsprechende Maßnahmen durchzuführen. Am besten beginnen Sie mit Aufräumen und Ausmisten. Nehmen Sie dabei bewusst wahr, was sich verändert.

- Nur was wir bewusst wahrnehmen, können wir verändern.

Machen Sie sich Ihre Situation, die Sie ändern wollen, bewusst und formulieren Sie klar Ihre Ziele. Wenn Sie allgemein unzufrieden sind und gar nicht so genau wisssen, welcher Bereich bei Ihnen betroffen ist und im Argen liegt, hilft Ihnen der Test ab Seite 92 bei der Selbstbewertung. Nehmen Sie sich den Bereich vor, der bei dieser Selbstbewertung am schlechtesten wegkommt, und beginnen Sie mit ihm.

Die äußere Arbeit

Grundsätzlich gilt für alle Bereiche, an denen Sie arbeiten möchten: Putzen Sie den Bereich, räumen Sie ihn auf und misten Sie aus. Dies ist deshalb so wichtig, damit nicht alte Energien und damit falsche Informationen verstärkt werden, anstatt neue, frische Energie hineinzubringen. Danach aktivieren Sie den Bereich mit den Maßnahmen, die ab Seite 96 beschrieben werden.

Fangen Sie mit einem Bereich/Thema an und warten Sie ab, was geschieht. Beginnen Sie mit dem nächsten Thema erst einige Wochen später. So haben Sie immer den Überblick, wie Ihre Maßnahmen wirken, ob sich etwas verbessert oder gar verschlechtert. Falls Ihr Problem direkt mit einer zweiten Zone des Baguas zusammenhängt, hilft es meist, in dieser zweiten Zone erst einmal gründlich auszumisten und zu putzen. Warten Sie dann einige Tage. Danach können Sie mit gezielten Maßnahmen weitermachen. Weniger ist mehr. Gehen Sie mit kleinen Schritten voran und widmen Sie sich parallel Ihrer inneren Arbeit.

Die innere Arbeit

Schreiben Sie zu dem entsprechenden Lebensbereich alles auf, was Ihnen einfällt. Wenn bei Ihnen beispielsweise der Lebensbereich Ruhm/Anerkennung betroffen ist, könnte in dieser Liste stehen: Ich erarbeite Konzepte, die wirklich gut sind, aber sie werden nicht beachtet. Wenn mein Kollege die Idee vorträgt, ist sie aber plotzlich spitze. Zu Hause setze ich mich sehr ein und helfe, wo ich nur kann. Alle halten das für selbstverständlich. Man sagt mir sogar, was die Nachbarin für eine tolle Person ist, was sie alles macht und auf die Reihe bekommt. Ich habe das Gefühl, dass mich keiner richtig wahrnimmt. Ich fühle mich unbeachtet und unsicher. Ich weiß nicht, was ich noch tun soll, damit man mich liebt und anerkennt.

Schauen Sie sich die Gefühle, die durch das Nachforschen bei Ihnen hochkommen, genau an, lassen Sie sie zu und schreiben Sie sie auf. Notieren Sie auch die Erklärungen und sonstigen Gedanken, die Ihnen dazu einfallen. Das könnten Gedanken sein wie: Der Kollege ist ja auch viel weltgewandter, er erklärt alles viel besser, das kann ich gar nicht, das konnte ich noch nie. Das habe ich von meiner Mutter ... Die Nachbarin fällt nur deshalb so auf, weil sie jedem ständig ausführlich erzählt, was sie alles macht. Dann trägt sie auch noch diese superengen Röcke und sitzt stundenlang beim Frisör. Das kann ich mir gar nicht leisten, und meine Kleidergröße ist nun mal 44.

Formulieren Sie nun ein Ziel beziehungsweise einen Wunsch, den Sie in diesem Lebensbereich haben, beispielsweise: Ich möchte endlich die Anerkennung im Beruf und in der Familie, die mir zusteht. Oder: Ich möchte mich stark, sicher und frei fühlen. Oder: ... Stellen Sie sich dieses Ziel bildhaft vor, als wäre es bereits Wirklichkeit, beispielsweise in einer Situation, in der Sie beim Chef wegen einer Gehaltserhöhung anfragen. Beim Aktivieren der entsprechenden Bagua-Zone in Ihrer Wohnung behalten Sie immer Ihre Zielvorstellung im Bewusstsein.

- Arbeiten Sie an Ihren inneren Glaubenssätzen (siehe Seite 73 f.).

Was genau möchten Sie ändern?

Der erste Schritt zu einer Veränderung ist, dass Sie über die verschiedenen Bereiche Ihres Lebens nachdenken und Klarheit gewinnen, wo genau Sie unzufrieden sind und wo Handlungsbedarf besteht. Überlegen Sie gut und seien Sie ganz ehrlich zu sich selbst, denn nur was wir bewusst wahrnehmen, können wir ändern. Kreuzen Sie alle Aussagen an, die für Sie zutreffen.

Bereich Lebensweg und Karriere

- + Ich bin auf dem richtigen Weg.
- – Ich weiß nicht, was ich wirklich will.
- + Mein Beruf erfüllt mich.
- – Ich bin unzufrieden mit meinem Beruf/meiner Karriere.
- + Ich fühle mich anerkannt von meinen Kollegen.
- – Alles geht mir schwer von der Hand.
- + Ich vertraue der Welt und akzeptiere alle notwendigen Veränderungen.
- – Vieles in meinem Leben erscheint mir schwierig und nur über Hindernisse zu erreichen.
- + Ich freue mich darauf, neue Dinge kennen zu lernen.
- – Wenn ich mir etwas vornehme, klappt es meistens nicht.
- + Ich habe Vertrauen in mich und das Leben.
- – Es wird mir nichts geschenkt, ohne mein eigenes Zutun klappen die Dinge nicht.
- + Die Dinge, die ich anfasse, gelingen
- – Typisch ich – nichts haut hin.

Bereich Partnerschaft

- + Meine Beziehung ist glücklich und stabil.
- – Ich bin unglücklich in meiner Partnerschaft.
- + Mein Partner schenkt mir viel Aufmerksamkeit.
- – Ich lerne immer den falschen Partner kennen.
- + Mein gesellschaftliches Leben ist aktiv.
- – Es ist schwierig für mich, dauerhafte Beziehungen zu führen.
- + Ich bin liebenswert und werde geliebt.
- – Ich habe Schwierigkeiten, jemanden kennen zu lernen.
- + Liebe und Glück fließen mir zu.
- – Ich habe oft Schwierigkeiten mit Nachbarn und Kollegen.
- + Ich verdiene Liebe und Glück.
- – In meiner Beziehung kriselt es andauernd.
- + Ich habe ein erfülltes Sexualleben.
- – Für meinen Partner bin ich eher Mutter/Vater.

Bereich Familie

- \+ Ich komme mit meinen Eltern gut aus.
- − Ich habe große Schwierigkeiten mit meinen Eltern.
- \+ Meine Eltern haben mir viel für mein Leben gegeben.
- − Ich habe nur sehr wenig Kontakt zu meinen Eltern/Familie.
- \+ Ich erkenne die Leistung meiner Eltern und Großeltern an.
- − Meine Familie mischt sich ständig in mein Leben ein.
- \+ Meine Familie liebt und unterstützt mich.
- − Ich habe ein schwieriges Verhältnis zu meinen Vorgesetzten.
- \+ Ich vergebe der Vergangenheit.
- − Mein Chef mag mich nicht.
- \+ Ich gebe andere liebevoll frei und lebe mein Leben.
- − Meine Lehrer waren immer gegen mich.
- \+ Meine Vorgesetzten schätzen und unterstützen mich.
- − Ich kenne meine Wurzeln nicht.

Bereich Segnungen/Wohlstand

- \+ Ich fühle mich vom Glück begünstigt.
- − Ich bin unzufrieden mit dem, was ich habe.
- \+ Ich verdiene genug, und es geht mir gut.
- − Ich habe immer das Gefühl, dass ich weniger bekomme als andere.
- \+ Ich bin meistens glücklich.
- − Ich kann mich an kaum etwas freuen.
- \+ Das Richtige tritt meist zur rechten Zeit ein.
- − Ich finde das Leben sinnlos.
- \+ Ich fühle mich vom Leben unterstützt.
- − Ich kann schlecht mit Geld umgehen, es zerrinnt mir in den Fingern/ich habe viele Schulden.
- \+ Sicherheit und Wohlstand umgeben mich.
- − Ich verdiene zu wenig, obwohl ich viel arbeite.
- \+ Ich freue mich über das Leben und was es mir bringt.
- − Ich habe seit langem keine Arbeit mehr.

Bereich Zentrum (Tai Chi)

- \+ Ich bin gesund und aktiv.
- − Es geht mir gesundheitlich nicht gut.
- \+ Ich fühle mich ruhig und gelassen in jeder Situation.
- − Ich bin häufig krank.
- \+ Ich fühle mich in meiner Mitte.
- − Ich fühle mich unruhig und unausgeglichen, obwohl es keinen Grund dafür gibt.
- \+ Ich verdiene es, gesund und glücklich zu sein.
- − Ich höre mehr auf andere als auf mich selbst.

SELBSTBEWERTUNG

Bereich Zentrum (Tai Chi) (Fortsetzung)

+ Ich finde mich in den meisten Situationen gut zurecht.
− Ich bin oft unsicher.
+ Ich nehme mir Zeit für mich und meinen Körper.
− Oftmals weiß ich nicht, was ich sagen oder tun soll.
+ Mein Zuhause strahlt Geborgenheit aus, auch für andere.
− Wenn vieles auf mich einstürmt, werde ich schnell nervös und bissig.

Bereich Hilfreiche Freunde

+ Ich habe viele gute Freunde, auf die ich mich verlassen kann.
− Ich habe keine Freunde
+ Ich gehe offen und herzlich auf andere Menschen zu.
− Ich muß immer alles alleine machen, keiner kommt mir zu Hilfe.
+ Ich fühle mich beliebt und gern gesehen.
− Ich hätte gerne mehr Freunde.
+ Ich betätige mich ehrenamtlich.
− Ich rufe öfters bei Freunden an als sie bei mir.
+ Ich versuche, anderen Menschen zu helfen.
− Selbstloses Geben halte ich für dumm.
+ Manchmal kaufe ich etwas, wovon ich weiß, dass es einer Person gefällt, und bringe es ihr einfach mit.
− Ich fühle mich oft ausgegrenzt und isoliert.
+ Ich werde oft eingeladen und bin überall gerne gesehen
− Ich würde ja gerne anderen helfen, aber ich bin immer so beschäftigt.

Bereich Kinder/Projekte

(Wenn Sie keine Kinder haben, lassen Sie die entsprechenden Fragen offen.)

+ Meine Kinder bedeuten mir viel.
− Ich habe ein schwieriges Verhältnis zu meinen Kindern.
+ Ich habe ein gutes Verhältnis zu meinen Kindern.
− Meine Kinder sind Sorgenkinder.
+ Kreatives Schaffen und Ideen umzusetzen fällt mir leicht.
− Es fällt mir schwer, kreativ zu sein und neue Ideen zu entwickeln.
+ Ich genieße das Leben im Hier und Jetzt.
− Meine letzten Projekte scheiterten.
+ Meine Projekte erfüllen mich und sprudeln.
− Ich fühle mich oft blockiert.
+ Ich erfreue mich auch an kleinen Dingen.
− Mein Leben ist trist und grau.
+ Ich bin voller Pläne im privaten und kreativen Bereich und setze sie auch um.
− Wir bekommen kein Kind/ich habe keine neuen Ideen.

Bereich Wissen

- \+ Ich lerne gerne.
- − Ich bin gestresst und komme nicht zum Nachdenken.
- \+ Ich freue mich über neue Erkenntnisse.
- − Ich kann nichts in Ruhe entscheiden, da ich zu unruhig bin.
- \+ Ich vertraue und folge meiner Intuition.
- − Erkenntnisse muss ich mir aktiv erarbeiten, es fällt mir nichts einfach ein.
- \+ Ich erfasse Zusammenhänge oft intuitiv.
- − Ich entscheide Dinge hauptsächlich nach dem Verstand.
- \+ Fremden Dingen und Ansichten gegenüber bin ich offen.
- − Ich will mich mit neuen Dingen nicht gerne befassen.
- \+ Neue Erkenntnisse, die für mich stimmig sind, integriere ich in mein Leben.
- − Ich bin sehr skeptisch gegenüber allem, was die Wissenschaft nicht beweisen kann.
- \+ Ich nehme das Heilige im Leben wahr und lebe und vermittle diese Werte weiter.
- − Es gibt nur das, was ich sehen kann.

Bereich Ruhm/Anerkennung

- \+ Ich bin wertvoll.
- − Ich werde eher übersehen.
- \+ Ich fühle mich frei und kraftvoll.
- − Ich fühle mich oft unsicher.
- \+ Ich bin unabhängig von der Meinung anderer Menschen.
- − Meine Ausstrahlung ist nicht gerade blendend.
- \+ Mein Leben ist erfüllt.
- − Ich hänge sehr von der Meinung anderer ab.
- \+ Andere Menschen lassen sich von mir inspirieren.
- − Es ist mir wichtig, was andere von mir denken.
- \+ Ich habe Vertrauen in mich und in das Leben.
- − Ich wirke nach außen anders, als ich wirklich bin.
- \+ Andere Menschen schätzen mich für meinen Rat.
- − Meine Arbeit findet keine Anerkennung.

Auswertung

Nehmen Sie sich zuerst den Lebensbereich vor, in dem Sie die meisten negativen Antworten haben beziehungsweise den, von dem Sie auch ohne diesen Test wissen, das er Ihnen gerade am wichtigsten ist.

Die Bereiche des Bagua

Jeder Lebensbereich ist einem Element zugeordnet und kann mit den entsprechenden Maßnahmen aktiviert oder ausgeglichen werden.

Lebensweg und Karriere

Wasser

Dieser Bereich steht für den Lebensfluss, das Lebensziel, die inneren Überzeugungen, die Intuition und die Freiheit, das zu tun, was man gerne möchte. Er repräsentiert die berufliche Laufbahn und die Karriere.

In der Wohnung entspricht dieser Bereich häufig dem Eingang und dem Flur. Aktivieren Sie diesen Bereich, wenn Sie mehr Fluss und Leichtigkeit in Ihr Leben bringen möchten oder Sie das Gefühl haben, dass nichts weitergeht, dass Sie feststecken, es keine beruflichen Chancen und Entwicklungsmöglichkeiten mehr für Sie gibt.

Wenn Sie in Ihrem Leben Stockungen und Blockaden empfinden, entfernen Sie alle unnötigen und den Energiefluss blockierenden Einrichtungsgegenstände, misten Sie aus und räumen Sie auf.

Falls sich hier eine Treppe befindet, kann das auf ein ständiges Auf und Ab in Ihrem Leben deuten. Gleichen Sie mit heller Beleuchtung und Bildern mit Motiven aus, die etwas mit „fließen" und „Weg" zu tun haben. „Weg" ist hier auch im übertragenen Sinne als Ziel zu verstehen.

Wissen

Gestaltungsmittel

- Licht und Spiegel (Symbolik von Klarheit des Lebenswegs)
- Fließende Symbolik, fließende Dekorationen wie Zimmerbrunnen, Aquarien, Wasserschalen, Bilder von Wasser und der Symbolik von Weg und Ziel
- Farben des Wassers

Partnerschaft

Erde

Dieser Bereich steht für alle Arten von Beziehungen, beispielsweise zwischen zwei Menschen, aber auch berufliche Partnerschaften.

- Die Symbolik der „Zwei" spielt in diesem Bereich eine wichtige Rolle.

Grundsätzlich sollte der Partnerschaftsbereich aktiviert werden bei schwierigen zwischenmenschlichen Beziehungen, bei Unfähigkeit, eine Partnerschaft einzugehen, sowie bei Beziehungs- und Nachbarschaftsproblemen.

Neuer Schwung für die Beziehung

Aber auch wenn sich der Alltagstrott in die Beziehung eingeschlichen hat und man das Gefühl hat, dass sich nichts Neues mehr ereignet, die Tage gleichförmig dahinfließen, es irgendwie langweilig geworden ist und die Spannung und das Kribbeln fehlt, sollten Sie sich genau den Bereich Partnerschaft in Ihrer Wohnung und in Ihrem Schlafzimmer anschauen.

Wie sieht es da aus? Hat sich dort in den letzten zwei Jahren etwas verändert? Oder ist alles beim Alten – vielleicht sogar schon sehr viel länger? Wahrscheinlich stellen Sie fest, dass sich wirklich nichts getan hat oder vielleicht eine Situation, die irgendwann einmal gut war, nun trist aussieht und langsam verwaist. Mein Balkon beispielsweise liegt im Bereich Partnerschaft des Wohnungsgrundrisses und war immer schön bepflanzt und belebt, selbst im Winter gab es Dekorationen und kleine Lichterketten. Bis auf letztes Jahr – da hatte ich einfach zu viel zu tun, war selten zu Hause und habe mir keine Zeit dafür genommen.

Anfang des Jahres stellte ich fest, dass sich in meiner Beziehung etwas verändert hatte. Handlungen und Abläufe hatten sich verselbständigt. Es gab weniger Gespräche, jeder war mit seinen Dingen beschäftigt und nahm den anderen weniger wahr. Die Intensität fehlte. Die Beziehung entsprach dem Balkon, der langsam vernachlässigt wurde und verwaiste. Es wurde keine Energie in dieses Lebensthema gesteckt, ich gab mich dem Trugschluss hin „Meine Beziehung ist ganz hervorragend, die hält einiges aus, da muss ich mich nicht kümmern, sondern kann meine ganze Energie in andere Projekte und Themen stecken". Falsch, denn eine Beziehung ist ein lebendes Gebilde. Sie verändert sich täglich, so wie wir uns durch die Dinge, die wir erleben, und durch äußere Einflüsse ebenfalls verändern. Wenn Ihr Mann seit Jahren enge Badehosen trägt und in der Werbung, im Film, im Schaufenster und den Prospekten nur noch weite Bermuda-Badehosen zu sehen sind, beeinflusst das Ihr Schönheitsempfinden. Plötzlich stellen Sie fest, dass er ruhig mal etwas flotter wirken könnte, und schlagen ihm einen Wechsel des Badehosen-Typs vor.

Zurück zur Bagua-Zone Partnerschaft. Machen Sie sich eine Liste, was Sie gerne ändern möchten und wie Ihre Beziehung sein soll. Überlegen Sie, was Sie von sich aus tun können. Misten Sie aus und bringen Sie frischen Wind in die Ecke. Vergleichen Sie äußere Symboliken mit dem, was Sie in der Beziehung ändern wollen. Ist beispielsweise die Situation festgefahren oder fühlt sich die Beziehung schwer und unbeweglich an, dann prüfen Sie, ob hier schwere Möbel stehen. Stellen Sie diese um oder gleichen Sie mit Gegensätzen aus. Bringen Sie Leichtigkeit und Helligkeit in den Raum.

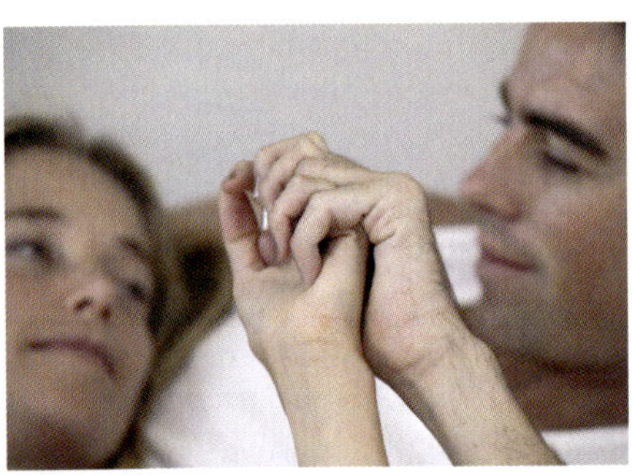

Wenn Sie den Eindruck haben, dass Ihr Partner Sie nicht mehr richtig wahrnimmt, dann verändern Sie etwas an sich oder an dem, was sie tun. Lenken Sie die Aufmerksamkeit auf sich und das, was Sie tun. Das müssen nicht gleich grell gefärbte Haare sein – stylen Sie sich etwas anders, decken Sie den Tisch auf ungewohnte Weise, verändern Sie durch Lichtstimmung oder Dekoration das gewohnte Ambiente des Zimmers. Versuchen Sie, Dinge einmal anders zu machen, als Sie es normalerweise tun. Schon allein dadurch bekommen Sie eine andere Sichtweise, und Situationen beginnen sich zu verändern.

Entwickeln Sie wieder mehr Aktivitäten: Gehen Sie ins Kino, Kabarett oder Theater, wenn Sie das schon lange nicht mehr getan haben. Gestalten Sie das Event als Überraschung. Gehen Sie mit ihm Gokart fahren oder mal ins Stadion.

◀ Eine Beziehung verändert sich jeden Tag und muss immer wieder neu gestaltet werden.

Mieten Sie für einen Tag sein Traumauto und machen eine Spritztour. Wechseln Sie ab und unternehmen dann auch Dinge, die für Sie besonders attraktiv sind. Wenn Sie Ihre Bereitschaft gezeigt haben, seine Interessen mitzumachen, geht das ganz einfach. Wichtig ist, dass es nicht bei einer einmaligen Aktion bleibt.

- Machen Sie sich immer wieder klar, was Sie möchten. Nur wenn Sie ein Ziel vor Augen haben, können Sie geeignete Maßnahmen treffen.

Wenn Ihre gemeinsamen Aktivitäten eingeschlafen sind und es Ihr Ziel ist, ein sportlich oder gesellschaftlich aktiveres Leben zu führen, dann beginnen Sie bei sich. Überlegen Sie, welcher Sport Ihnen beiden Spaß macht. Machen Sie einen Trainingstermin aus, richten Sie die Sportgarderobe her und zeigen Sie ihm dadurch, dass es Ihnen ernst ist. Legen Sie als Erinnerung eine Zeitschrift über den betreffenden Sport auf den Wohnzimmertisch. Oder stellen Sie ein Bild auf, das Sie bei der Sportart zeigt. Oder deponieren Sie für einige Zeit Ihren Tennisschläger, Ihre Inliner gut sichtbar im Eingangsbereich. Seien Sie kreativ und finden Sie Erinnerungsmarker für das bevorstehende Ereignis. Machen Sie *sich* und Ihrem Partner schon im Vorfeld klar, dass es Ihnen wichtig ist und Sie im Notfall auch alleine gehen. Wenn er tatsächlich nicht mitgeht, verabreden Sie eben, dass er Sie anschließend abholt und noch etwas mit Ihnen trinkt.

Wissen

Gestaltungsmittel

- Paarweise angeordnete Gegenstände und Dekorationen
- Farben und Materialien der Erde (siehe Seite 48)
- Kissen
- Licht
- Frische Blumensträuße, blühende Pflanzen
- Natürliche Kristalle wie Rosenquarz, Amethyst oder ein Stein, der zu Ihnen passt
- Sorgfältige Auswahl der Objekte und Bilder in Hinblick auf ihre Symbolik (Liebe, Harmonie, Gemeinsamkeit)

- Eine Beziehung ist immer so lebendig, wie man sie sich gestaltet. Tagtäglich.

Wichtig ist im Paarbereich eine einladende harmonischen Gestaltung, die Raum lässt für Zweisamkeit und gemeinsames Zusammensitzen. Eine Sitzecke sollte zwei gleich bequeme Sitzgelegenheiten haben. Falls sich in diesem Bereich Ihr Schlafzimmer befindet, achten Sie auf Gleichberechtigung der beiden Bettseiten mit je einem Nachttisch. Das Bett möglichst nicht mit einer Seite an die Wand rücken.

Stellen Sie doppelte Dekorationen auf, beispielsweise zwei Pflanzen, zwei Kerzen, Bilder mit Motiven, die für Sie Partnerschaft symbolisieren. Da der Bereich dem Element Erde zugeordnet ist und Erde für das Empfangende, Aufnehmende steht, sind hier Kissen, Keramikgegenstände und die Farben der Erde vorteilhaft.

Wenn es in Ihrer Beziehung kriselt, erden Sie den Bereich Partnerschaft, indem Sie zwei schwere, stabilisierende Gegenstände aufstellen. Wenn das im Partnerschaftsbereich der Wohnung nicht geht, weichen Sie in Ihr Schlafzimmer aus (siehe Seite 139).

- Eine Liebesbeziehung ist der beste Spiegel um sich selbst zu erkennen und weiterzuentwickeln. Nach dem Resonanzprinzip reagieren wir genau auf den Partner, mit dem wir eine Lebenserfahrung gemeinsam zu bewältigen haben – so erklärt sich auch die „Liebe auf den ersten Blick“.

Einen Partner finden

Eine Erweiterung in diesem Bereich könnte bedeuten, dass es Ihnen zwar leicht fällt, Partner kennen zu lernen, diese Beziehungen aber meist nur von kurzer Dauer und instabil sind. Stabilisieren Sie die Situation und gleichen Sie aus, beispielsweise mit zwei schweren, gemütlichen Sesseln oder zwei Pflanzkübeln – Ihrer Fantasie sind keine Grenzen gesetzt.

Ein Mangel an Energie durch einen Fehlbereich könnte sich darin äußern, dass Sie generell Schwierigkeiten haben, jemanden kennen zu lernen, oder dass es sich um eine Wochenendbeziehung handelt oder der Partner nur selten präsent ist. Erweitern Sie den Fehlbereich durch optisches Vergrößern und Hereinholen des fehlenden Teils. Hängen Sie einen Spiegel an die Wand mit dem fehlenden Raumstück. Verstärken Sie Ihre Intention durch das Aufstellen von zwei partnerschaftlichen Objekten oder einem passenden Bildmotiv.

Wenn Sie das Gefühl haben, immer an den falschen Partner oder die falsche Partnerin zu geraten, sollten Sie sich den Bereich einmal genauer anschauen in Hinblick auf Unordnung und Gerümpel oder Dinge und Möbel, die Sie eigentlich gar nicht möchten, von denen Sie sich aber nicht trennen mögen, weil sie „eh schon da sind“. Gehört etwas energetisch nicht zu mir (beispielweise das alte Buffet der Oma, das ausgemusterte 50er-Jahre-Sofa der Eltern), zieht es im übertragenen Sinne auch Unpassendes in mein Leben.

Familie

Holz

Dieser Bereich hat mit unseren Vorfahren, Eltern, Vorgesetzten und Einflüssen aus früheren Zeiten zu tun. Die Zukunft entwickelt sich auf dem Fundament der Herkunft. Dieser Lebensbereich beschreibt die Grundlage Ihrer Handlungen, seien sie bewusst oder unbewusst. Er steht für das weitergegebene Wissen, die familienspezifischen Eigenheiten, Vererbungen und die Merkmale der Sippe, aus der Sie kommen. Eine schöne Metapher für diesen Bereich gibt das Sprichwort „Ohne Wurzeln keine Flügel“.

Wenn im Wohnungsgrundriss in diesem Bereich ein Stück fehlt, leiden die Bewohner möglicherweise an einem Mangel an Lebensenergie, Vitalität und Ausdauer. Kinder, die hier aufwachsen, gehen oft schon früh aus dem Haus. Hier fehlt die Auseinandersetzung mit den Wurzeln, der Herkunft. Eine Erweiterung in diesem Bereich, also ein Energieüberschuss, deutet auf Erfolg im Leben der Bewohner hin.

Wenn Sie ein gespanntes Verhältnis zu Ihren Eltern oder Ihren Vorgesetzten haben, sollten Sie diesen Bereich genauer unter die Lupe nehmen. Herrscht hier Unordnung oder schlechtes Licht? Überlegen Sie, was Ihnen zu dieser Symbolik einfällt! Allein schon das Interesse daran, wer die Vorfahren waren, was sie getan haben, wie es ihnen erging, aktiviert diesen Lebensbereich. Fragen Sie nach, schauen Sie sich Bilder an, wenn es welche gibt, und integrieren Sie Ihre Wurzeln in Ihr Leben. Vielleicht möchten Sie sogar für einige Zeit ein Foto aufstellen.

Wenn Sie diesen Bereich aufräumen, entrümpeln und reinigen, überlegen Sie gleichzeitig, was Sie überhaupt von Ihrer Familie wissen. Gibt es Ähnlichkeiten zwischen Ihnen und einem der Vorfahren? Gleichen sich Schicksale?

Wissen

Gestaltungsmittel

- Große Pflanzen (Symbolik für Verwurzelung und Halt)
- Gute Beleuchtung (Licht ins Dunkel der Vergangenheit)
- Familienfotos

Segnungen/Wohlstand

Holz

Nicht nur materieller Segen, sondern auch das Wahrnehmen der Segnungen, die man in verschiedensten Bereichen des Lebens erfährt, ist hier das Thema: innerer und äußerer Reichtum und das Glück, dass einem auch in kleinen Dingen unerwartet zuteil wird.

Wenn Sie viel verdienen, aber feststellen, dass Ihnen das Geld zwischen den Fingern zerrinnt, ist dies ein Hinweis auf ein Ungleichgewicht in diesem Bereich. Unterstützen Sie die Symbolik des Auffangens und Speicherns: Stellen Sie eine tiefe Schale mit frischem Wasser auf; auch hohe, leere Gefäße dienen dieser Absicht. Hier geht es nicht um den Fluss des Geldes, sondern um das Sammeln.

Eine Erweiterung gibt Hinweis auf einen Energieüberschuss, der sich in Glück und geschäftlichem Erfolg äußern kann. Zur Bewahrung dieser Energie eignen sich hochwachsende Pflanzen und Objekte, die zum Element Holz gehören (siehe Seite 48).

Haben Sie dagegen das Gefühl, dass Sie trotz harter Arbeit nicht genug verdienen, herrscht Energiemangel, der beispielsweise mit einem Zimmerbrunnen oder einem anderen beweglichen Objekt ausgeglichen werden kann. Stellen Sie Objekte auf, die für Sie Fülle und Reichtum darstellen. Überprüfen Sie Ihre innere Einstellung zum Geldverdienen. Haben Sie versteckte Glaubenssätze wie „Ich kann machen, was ich will …“ oder „Ich bin es nicht wert“, dann sollten Sie über diese Einstellungen nachdenken und sich positive Glaubenssätze formulieren.

Ein Fehlbereich in diesem Abschnitt der Wohnung kann zu Schwierigkeiten in geschäftlichen Dingen führen, beispielsweise mit Urkunden und Verträgen. Gleichen Sie aus mit Spiegeln und Licht.

Wissen

Gestaltungsmittel

- Schalen und hohe Gefäße
- Gegenstände und Bilder, die für Sie Fülle und Glück symbolisieren
- Wasserobjekte
- Gesunde Pflanzen

Zentrum (Tai Chi)

Dieser Bereich steht für das Energiezentrum der Wohnung, für innere Kraftreserven, Gesundheit und in sich ruhen – analog dem Solarplexus im menschlichen Körper.

Dieser Bereich sollte unbelastet und frei bleiben. Herrscht hier Unordnung und Chaos, werden Sie sich wahrscheinlich müde und erschöpft fühlen. Schwere Möbel und Mauern erschweren auch Ihr Leben. Befindet sich in der Mitte der Wohnung eine Treppe, führen Sie möglicherweise ein sehr dynamisches Leben, in dem Ruhe und Ausgeglichenheit zu kurz kommen.

Bei chronischen Gesundheitsproblemen sollten Sie überprüfen, ob die Mitte jedes Zimmers aufgeräumt ist. Überlegen Sie analog dazu, wie es sich mit den verschiedenen Bereichen in Ihrem Leben verhält, denn gesund zu sein bedeutet auch, die verschiedenen Aspekte der Lebensbereiche miteinander zu verbinden und auszugleichen. Ist die Gesundheit jedoch angeschlagen, wirkt sich dies auf die Arbeitsleistung, die Beziehung zum Partner und den Kindern und auf die eigene Produktivität und Kreativität aus.

Wissen

Gestaltungsmittel

- Das Zentrum der Wohnung sollte möglichst frei und aufgeräumt sein.
- Aktivieren Sie diesen Bereich mit Farben der Erde und viel Licht.

▼ Entspannung ist wichtiger Ausgleich bei einem dynamischen Leben.

Hilfreiche Freunde

Metall

Sowohl die Unterstützung und Hilfestellung von außen als auch Ihr eigenes selbstloses Einbringen zur Unterstützung anderer zeigen sich hier: Da man erntet, was man sät, steht dieser Bereich mit Ihren eigenen menschenfreundlichen Handlungen in Verbindung. In diesen Bereich gehören auch zufällige Begegnungen, die weiterhelfen, die Hilfe durch die Familie, Freunde oder fremde Menschen oder der Zufall, genau im richtigen Moment einen unerwarteten Hinweis zu bekommen.

Wissen

Gestaltungsmittel

- Bilder und Gegenstände, die für Sie Freundschaft, Unterstützung und Hilfe symbolisieren.
- Gegenstände, die zum Element Metall gehören (siehe Seite 49).
- Zur zusätzlichen Verstärkung Akzente aus der Gestaltungspalette des Elements Erde (siehe Seite 48).

Wenn Sie das Gefühl der Isolation haben oder meinen, immer alles alleine machen zu müssen, sollten Sie diesen Abschnitt aktivieren. Fehlt beispielsweise eine Ecke, holen Sie den fehlenden Raumteil mit einem Spiegel in die Wohnung. Für Bilder und Gegenstände, die für Sie Freundschaft und Hilfe symbolisieren, ist hier der richtige Ort. Überlegen Sie, wie Sie von sich aus auf andere Menschen zugehen. Bieten Sie Ihre Hilfe an? Bringen Sie manchmal – einfach so – eine kleine Aufmerksamkeit mit? Melden Sie sich hin und wieder bei Ihren Bekannten und interessieren sich für deren Belange?

Wenn in diesem Bereich eine Erweiterung vorliegt, dann fällt es den Bewohnern leicht, andere Menschen selbstlos zu unterstützen und unterstützt zu werden – wie man in den Wald hineinruft, so schallt es heraus.

Kinder/Projekte

Metall

Alles, was man hervorbringt – Kinder, Projekte, Kunst, Fantasie, Kreativität –, gehört in diesen Bereich. Er ist verknüpft mit Ihrer kreativen Energie. Stärken Sie diese Zone, um Ihre Projekte und Ihre Kinder wachsen und gedeihen zu lassen.

Wenn die Beziehung zu Ihren Kindern problematisch ist, Sie unter Kinderlosigkeit oder einem Mangel an Kreativität leiden, aktivieren Sie diesen Bereich mit Gegenständen, die Ihre Sinne und Ihre Fantasie anregen. Möchten Sie neue Ideen in die Tat umsetzen, frischen Sie die Energie mit duftenden Blumen oder Musik auf. Glänzende Gegenstände aus Metall beschleunigen ebenfalls den Energiefluss.

Bei einer Fehlzone schauen Sie nach, ob Sie Geld für Ihren eigenen Genuss ausgeben können und sich selbst Gelegenheiten zum Genießen gönnen. Gleichen Sie die Fehlzone mit einem Spiegel oder anderen Maßnahmen aus. Überlegen Sie dabei, warum Sie sich nichts gönnen. Welcher Glaubenssatz steckt dahinter? Jeder Glaubenssatz entspricht einem anderen Lebensbereich, der dann ebenfalls bearbeitet werden sollte. Lautet der Satz „Das kann ich mir nicht leisten“, dann beschäftigen Sie sich mit der Bagua-Zone Segnungen/ Wohlstand. Oder lautet der Satz: „Das bin ich nicht wert“? Dann schauen Sie sich die Bagua-Zone Ruhm/Anerkennung an, denn hier geht es um den Selbstwert.

Eine Erweiterung lässt auf Geselligkeit, Genussfähigkeit und gut ernährte Bewohner schließen.

Wissen

Gestaltungsmittel

- Bilder von dem, was Sie in Ihr Leben bringen möchten.
- Glänzende Gegenstände aus Metall
- Musik, Klänge, wohlriechende Blumen, Duftsteine und -lampen
- Gegenstände, die Ihre Sinne und Ihre Fantasie anregen.
- Dinge, die Sie mit Freude und Genuss verbinden.
- Objekte und Gestaltungsmittel aus dem Element Metall bewahren, verstärkend wirken Gestaltungsmittel aus dem Element Erde.

Wissen Erde

Dieser Lebensbereich steht für das äußere und innere Wissen. Inneres Wissen entsteht aus Selbstreflexion und Innenschau. In Ruhe über Probleme, Situationen und sich selbst nachzudenken bringt wesentlich schneller eine hilfreiche Erkenntnis, als in Hektik Schnellschüsse zu starten. In der Stille kann man seine innere Stimme oder Intuition besser wahrnehmen. Dieser Lebensbereich sollte daher möglichst ausgeglichen sein. In einer Wohnung ist diese Zone der ideale Ort für eine Bibliothek – auch wenn es nur ein Bücherregal mit einem Sessel ist. Auch ein Arbeits- oder Ruheraum sind hier ideal.

Bei einem Energiemangel fehlt es dem Bewohner an der Bereitschaft, sich auf neue Erkenntnisse und Erfahrungen einzulassen. Der Horizont wird immer enger bis hin zur Intoleranz. Auch wenn Sie Schwierigkeiten mit der Konzentration oder der Lernfähigkeit haben, verstärken Sie die Energie durch Objekte, die hohl und leer sind. Stellen Sie ein leeres Gefäß mit der Intention auf, sich in Ruhe die Zeit für die anstehende Aufgabe zu nehmen. Vergegenwärtigen Sie sich den Spruch „In der Ruhe liegt die Kraft".

Bei einem Energieüberschuss kann es zu Streit und Spannungen innerhalb der Familie kommen. Jeder wird immer selbstsüchtiger. Falls dieser Überschuss mit einem Zuviel des Elements Feuer zusammenhängt, besipielsweise Südteil der Wohnung, viele Rottöne und Gestaltungsmittel aus dem Feuerbereich, beruhigen Sie die Energie mit Maßnahmen aus dem Element Holz und Erde (siehe Seite 48). Falls ein Zuviel an Yang-Energie vorhanden ist, beruhigen Sie mit Yin-Elementen (siehe Seite 29).

Wissen

Gestaltungsmittel

- Truhen und Gefäße als Symbole für „Wissen aufnehmen"
- Ruhige Gestaltung des Raumes
- Bücherecke, Bücherregale oder Objekte und Bilder, die für Sie Wissen und Erkenntnis symbolisieren (Zeugnisse, Diplome)
- Helles Licht

Ruhm/Anerkennung

Feuer

Innere Reifung und Selbsterkenntnis sind die Themen in diesem Lebensbereich. Er hat zwar im weitesten Sinne auch mit „im Rampenlicht stehen" zu tun, aber vor allem mit innerer Erleuchtung und der Fähigkeit, andere zu erleuchten und aufzuklären. Bei einem Übermaß an Feuerenergie in diesem Lebensbereich trifft eher „berühmt und berüchtigt" zu. In anderen Fällen führt es zum Burnout, da man sich völlig verausgabt. Beruhigen Sie hier die Feuerenergie durch Elemente der Erde, die stabilisierend wirken. Nach dem ausgleichenden Prinzip erinnern sie an den Lebensweg, an die Reise des Lebens, an deren Ende man erkennt, dass das Licht aus dem Inneren leuchtet. Dekorieren Sie mit Gestaltungsmitteln des Wassers, beispielsweise Wasserobjekten und Zimmerbrunnen, oder mit einem Bild, das den Lebensweg symbolisiert.

Mangelndes Selbstbewusstsein, Abhängigkeit von der Meinung anderer und Unfähigkeit, eigene Überzeugungen auszudrücken und zu lebend, deuten auf einen Mangel an Feuerenergie hin. Feuer beinhaltet Konzentration, Zielstrebigkeit und Entschlossenheit. Pläne und Ideen brauchen Feuer, den zündenden Funken, damit sie in die Tat umgesetzt werden können. Ausgewogenes Feuer bringt Klarheit.

Entrümpeln Sie und entfernen Sie Gegenstände, die Sie mit „Behinderung" gleichsetzen. Das kann das Bild einer Person sein, die Ihnen immer sagte, dass Sie das sowieso nicht können, oder der Ordner, in dem die Absagen von der Jobsuche abgeheftet sind. Prüfen Sie genau, was hier im Außen Ihrer Wohnung und in Ihrem Inneren „im Weg" steht.

Wissen

Gestaltungsmittel

- Licht, Farben des Feuers
- Gegenstände mit der Symbolik Klarheit, Inspiration
- Prächtige Blumensträuße
- Farben des Feuers
- Berühmte Meisterwerke, ausdrucksstarke Kunstwerke
- Kerzen

Feng Shui für Ihre Wohnung

Feng Shui bietet eine Fülle von oft verblüffend einfachen und handfesten Lösungen, mit denen Sie Ihre Wohnung so gestalten können, dass Sie und Ihre Familie davon profitieren.

Eine präzise, umfassende Feng-Shui-Analyse bezieht immer das persönliche Element, das Horoskop und die momentane Lebenssituation der Bewohner mit ein. Sie beruht auf viel Erfahrung und einer ganzheitlichen Betrachtungsweise und sollte nur von einem geschulten Berater vorgenommen werden.

Gestaltungsmittel im Feng Shui

Im Feng Shui gibt es eine Reihe einfacher Mittel – Hilfs- oder Heilmittel genannt –, mit denen Sie Ihre Wohnung positiv verändern können.

Bevor Sie neue Möbel anschaffen oder die Wohnung komplett streichen, schauen Sie sich doch erst einmal in Ihrer Wohnung um, ob Sie die nötigen Dinge nicht schon irgendwo stehen haben. Eine Aufstellung der wichtigsten Feng-Shui-Gestaltungsmittel finden Sie ab Seite 118.

- Feng Shui heißt, erst einmal mit dem zu arbeiten, was vorhanden ist.

Die richtige Position von Objekten

Das Gleiche gilt auch beim Aufstellen von mehreren Objekten, wie einer Figuren- oder Bildergruppe. Entscheidend ist der Abstand der Gegenstände voneinander oder ob sie linear oder versetzt angeordnet sind. Schon kleine Änderungen der Positionen machen viel aus. Mit jedem Umstellen eines Gegenstandes verändern Sie die Beziehung der Dinge untereinander und damit eine bestehende Situation.

Beachten Sie, dass die Dinge, die Sie aufstellen, genügend Raum für sich haben. Eine schöne Vase oder ein gerahmtes Bild vor dem Hintergrund eines vollen Bücherregals ist nicht mehr zu sehen. Räumen Sie den Platz hinter und um das Objekt frei, damit es wirken kann. Hier gilt ganz eindeutig „Weniger ist mehr".

Wichtig ist auch, wo die Objekte stehen. Es kann einen Unterschied ausmachen, ob die Dinge rechts oder links im Regal stehen. Dies hängt von der Gewichtung im Raum ab. Sellen Sie eine Vase einmal auf die linke und einmal auf die rechte Seite Ihres Sideboards, treten Sie einen Schritt zurück und beschreiben Sie die Wirkung.

Bodengestaltung lenkt den Energiefluss

Grundsätzlich gilt: Durch die Bodengestaltung können wir die Energierichtung lenken. Achten Sie daher auf die Verlegerichtung des Parketts oder der Fliesen sowie die Webrichtung des Teppichs und die Richtung des Musters. Es vermittelt ein unsicheres Gefühl, beim Betreten eines Raumes gegen den Strich laufen zu müssen.

▲ Grob strukturierte Fliesen bremsen den Energiefluss.

Lenken Sie die Energie bewusst durch die Wohnung, indem Sie die Fugen des Bodenbelags betonen beziehungsweise mildern: Querfugen in einem langen Korridor bremsen den Energiefluss, Längsfugen beschleunigen ihn. Stellen Sie sich immer den Raum in seiner Gesamtheit vor. Dann können Sie leicht erspüren, wie die Bodengestaltung sein muss, um den Raum harmonisch auszugleichen.

Mit einem Wechsel der Materialien können Sie Bereiche definieren, beispielsweise eine Sitzgruppe durch einen Teppich. Schon in er Antike wurden mit wechselnden Bodengestaltungen Räume definiert. Im Gästehaus der Hadrians-Villa in Tivoli zierten kunstvolle Mosaikböden die Gästezimmer. Dabei waren farbige Mosaiken den hohen Gästen vorbehalten, die Schwarzweiß-Ausführung des Mosaiks gab es für die „normalen“ Gäste.

Schweres stabilisiert und schützt

Mit schweren Objekten wie Möbeln, Pflanzentöpfen, Skulpturen und Kunstobjekten können Sie unsichere Situationen stabilisieren: Vor Fensterfronten, die bis zum Boden reichen und dadurch ein unsicheres Gefühl vermitteln, helfen Pflanztöpfe oder schwere Kunstobjekte, die Energie zu halten. Stellen Sie sich eine Hotelhalle vor: Sitzgruppen, die mitten im Raum stehen, bestehen hier stets aus schweren Sitzmöbeln mit Rückenlehnen – auf leichten Stühlen möchte man in dieser „schutzlosen“ Situation nicht gerne sitzen. Eine leichte

Stuhlgruppe benötigt eine Wand im Rücken. An Treppenauf- und -abgängen kann ein schweres Objekt, etwa ein großer Kübel mit einer entsprechenden Pflanze, den schnellen Energiefluss bremsen.

Auch im übertragenen Sinne wirken schwere Objekte stabilisierend und schützend: Kriselt es in Ihrer Beziehung, stabilisieren Sie den Bagua-Bereich Partnerschaft (Seite 97 f.), indem Sie zwei schwere, erdende Gegenstände aufstellen. Arbeiten Sie an wackeligen Projekten, dann bringen Sie Masse in den Bereich Kinder/Projekte (Seite 105).

Umgekehrt wirken schwere Objekte auch belastend: Wenn Sie in Ihrem Leben in einer festgefahrenen Situation stecken, prüfen Sie, ob in Ihrer Wohnung oder Ihrem Büro schwere Objekte im entsprechenden Lebensbereich etwas damit zu tun haben.

GUT ZU WISSEN

Räume harmonisieren

Feng Shui arbeitet mit dem vereinheitlichenden Prinzip (Seite 28): Ist eine Situation ausgewogen, befindet sich alles im Gleichgewicht, und die Energie fließt harmonisch.

Empfinden Sie einen Raum als unharmonisch, notieren Sie sich alle Qualitäten des Raums auf einen Zettel und suchen Sie dazu jeweils den entsprechenden Gegensatz, beispielsweise leicht/schwer, hell/dunkel, schwach/stark, oben/unten, jung/alt, schnell wachsend/langsam wachsend, klein/groß, liegend/stehend, niedrig/hoch ... Nun können Sie sich anhand dieser Gegensätze Gestaltungsmaßnahmen oder Hilfsmittel überlegen, die Ihren Raum harmonisieren.

Nehmen Sie als Beispiel einen niedrig wirkenden, rechteckigen Raum, der mit schweren Sitzmöbeln wie Sesseln und Sofa, einem länglichen, rechteckigen Sideboard und dunklen, quergestreiften Vorhängen ausgestattet ist. Zudem gibt es wenig Licht. Dieser Raum wirkt drückend und unharmonisch. Die Liste zeigt die Ergänzungen aus dem Gegenbereich, mit denen man den Raum harmonisieren kann:

- niedrig (Raumhöhe)/hoch,
- rechteckig liegend (Sideboard)/länglich stehend,
- schwer (Sitzmöbel)/leicht,
- dunkel (Vorhänge, Raum)/hell,
- quergestreift (Vorhänge)/längsgestreift.

Mit einzelnen Maßnahmen aus dem Gegenbereich könnte der Raum dann so aussehen: Ein niedriger, rechteckiger Raum mit schweren Sesseln und Sofa, zwei hohen, schmalen Vitrinen und hellen, längsgestreiften Vorhängen. Deckenfluter und Tischleuchte sorgen für Licht. Durch die gegensätzlichen Elemente wirkt der Raum nun ausgeglichen.

Licht schafft Stimmungen

Licht ist Grundvoraussetzung für Leben. Gibt es nicht genug natürliches Licht im Winter, leiden viele Menschen an Depressionen. In zu dunklen Räumen wird man schnell müde. Ein freundlich und hell gestalteter Raum mit guter Ausleuchtung wirkt stärkend und positiv auf die Psyche.

- Dunkel eingerichtete Räume benötigen das Doppelte an Lichtstärke wie hell eingerichtete. Leuchten Sie die Ecken aus. In dunklen Ecken stagniert die Energie.

Sorgen Sie für unterschiedliche Lichtquellen, um verschiedene Stimmungen zu schaffen. Gut ist ein Raumlicht, das die gesamte Fläche abdeckt, und mehrere kleine Lichtquellen wie Stehlampen oder Tischlämpchen.

Mit Decken- und Wandflutern bringen Sie nach oben gerichtetes Licht in die Räume, das von den Decken reflektiert wird. Der Raum wirkt dadurch höher und leichter. Auch bei einer Balkendecke oder einer sehr niedrigen Decke bringen Deckenfluter mehr Höhe in den Raum.

Wohltuende Objekte

Klangspiele

Wohltönende Klangspiele erhöhen immer die Energie der Umgebung. Daher ist es wichtig, dass Sie den Klang ganz bewusst aussuchen und er zu Ihnen passt. Installieren Sie Klangspiele an der Tür so, dass die Tür beim Öffnen nicht in das Klangspiel hineinrauscht – das ist unangenehm und untergräbt die harmonisierende Wirkung.

- Klangspiele werde im klassischen Feng Shui als Energieverteiler eingesetzt. Durch ihre Klangschwingungen beleben sie den Raum.

Bewegte Objekte

Bewegung zieht Aufmerksamkeit an. Daher eignen sich Mobiles, Windräder, bewegte Kunst- oder Lichtobjekte hervorragend zur Aktivierung der Energie. Sie können unbelebte Bereiche damit aktivieren und an scharfen Ecken oder in langen Fluren die Energie verteilen und leiten. In Wartebereichen laden sie zum Hinschauen und Entspannen ein. Man verliert sich leichter in seinen Gedanken, das Warten wird kurzweiliger.

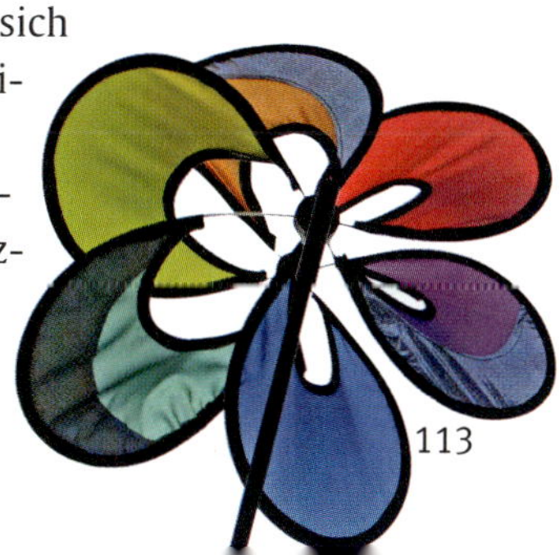

Wasserobjekte

Als Quell des Lebens zieht Wasser uns magisch an. Jegliche Form von Wasserobjekten, ob Zimmerbrunnen, Wassersäulen oder Bilder mit Wassermotiven, frischt einen Raum auf.

- Springbrunnen und Wasserobjekte im Haus reinigen die Atmosphäre und vitalisieren die Luft.

Wasser wird auch mit Wohlstand verknüpft. Ein Wasserobjekt im Bereich der Wohlstandsecke der Wohnung symbolisiert das Sprudeln der guten Gelegenheiten und Segnungen (siehe Seite 102).

Stockt Ihr berufliches Weiterkommen, können Sie mit einem kleinen Zimmerbrunnen im Bereich des Bagua-Feldes Lebensweg und Karriere (siehe Seite 96) für Auffrischung sorgen. Wichtig ist die Intention, mit der Sie den Brunnen aufstellen. Verknüpfen Sie die Handlung des Aufstellens mit der genauen Vorstellung davon, was Sie damit erreichen möchten (siehe Seite 70 f.).

Spiegel erzielen viele Wirkungen

Mit Spiegeln kann man im Feng Shui viele Situationen verbessern. Daher werden sie sehr häufig eingesetzt.

Spiegel vervielfachen: Ein Spiegel reflektiert genau das, was vorhanden ist – Ordnung wie Unordnung. Wichtig ist daher, dass Sie darauf achten, *was* er reflektiert oder was Sie gerne doppelt sehen wollen. Hängt er an einer Stelle, an der er Unordnung oder ein volles Bücherregal abbildet, sollten Sie schnell ans Aufräumen gehen.

Wissen

Die Wirkung von Spiegeln

- Vergrößern einen Raum
- Gleichen eine fehlende Ecke aus
- Reflektieren Licht in den Raum
- Schaffen Überblick
- Lassen eine Wand verschwinden
- Beleben die Energie in einem Raum
- Zeigen Ihr Spiegelbild

Ein chinesischer Brauch ist es, einen Spiegel in die Geldkasse zu legen. So verdoppelt er den Inhalt und zieht auf der energetischen Ebene mehr Geld an. Denn wenn man das Gefühl hat, nicht im Notstand zu leben, handelt man freier und sicherer. Dadurch wiederum zieht man gute Gelegenheiten an.

- In Geschäften lassen sich mit Spiegeln die Auslagen wirkungsvoll in Szene setzen: Spiegelflächen hinter Regalen verdoppeln die Ware.

Ein Spiegel sollte nicht schadhaft und absolut sauber sein – das gilt auch für jede Art von Kristallen, Gläsern oder Glasflächen. Ein Spiegel, in dem sich die ganze Familie betrachten möchte, beispielsweise im Eingang oder im Bad, sollte groß genug sein und so aufgehängt werden, dass er nicht den Größten köpft und den Kleinsten bis zur Brust verschwinden lässt. Man möchte sich auf sein Spiegelbild verlassen können.

Spiegelfliesen sollten nur für gestalterische Zwecke oder zur Lichtbrechung eingesetzt werden. Zur eigenen Betrachtung eingesetzt, gelten sie im Feng Shui als Alptraum, da sie das Gesicht und die Gestalt des Menschen hundertfach zerstückeln.

Spiegel verhelfen zum Überblick: Wenn Ihr Herd in klassischer Weise an der Wand angebracht ist und Sie deshalb beim Kochen mit dem Rücken zum Raum stehen, ist dies eine Position der Unsicherheit (siehe auch Seite 59 f.), denn Sie wissen nicht, was hinter Ihnen vorgeht. Installieren Sie einen Spiegel oder eine reflektierende Glasplatte an der Wand oder verkleiden Sie die Wand mit einem reflektierenden Material wie Edelstahl, dann behalten Sie stets alles im Blick.

▲ Mit Spiegeln lassen sich die unterschiedlichsten Effekte erzielen.

Steht der Schreibtisch, das Bett oder das Sofa so, dass Sie keinen Blick über den Raum haben, hängen Sie einen Spiegel so auf, dass Sie den Eintretenden von dort sehen können. In vielen Restaurants und Bars werden Wände mit Spiegel verkleidet, sodass der mit dem Rücken zum Raum Sitzende sieht, was hinter ihm vorgeht. Das gibt Sicherheit, man fühlt sich entspannter.

Spiegel schaffen Räume: Günstige Positionen für Spiegel sind kleine, enge Räume, die Sie durch einen Spiegel und Licht optisch vergrößern können. Gegenüber eines Fensters angebracht verdoppelt er die Lichtmenge und holt die Landschaft in den Raum. An der Seitenwand eines engen Flurs schafft er den Eindruck von Weite. Hängen Sie aber niemals einen Spiegel an das Ende eines langen Flurs, dieser erscheint dann noch länger.

Wenn Ihre Wohung einen unregelmäßigen Grundriss hat und in einem Raum eine Ecke fehlt, können Sie diesen Fehlbereich mit einem Spiegel ausgleichen. Zur Korrektur von asymmetrischen Räumen kann man mit einem Spiegel Raumtiefe vortäuschen. Auch eine schräg verlaufende Wand kann mit einem Spiegel in Symmetrie gebracht werden.

- In einem schmalen Flur, einem engen Durchgang oder kleinen Zimmer schaffen Spiegel Räume.

Spiegel wehren Energiepfeile ab: Im klassischen Feng Shui werden kleine runde Spiegel zur Abwehr von Energiepfeilen aufgehängt (siehe Seite 32 ff.). Führt beispielsweise eine Straße direkt auf die Eingangstür zu oder weist die Ecke eines gegenüberliegenden Gebäudes direkt auf die Haustür, reflektiert der außen an der Haustür angebrachte Spiegel die schneidende Energie Sha Chi. Der Spiegel kann auch innen direkt gegenüber der Haustür oder vor einem Fenster angebracht werden.

Die Wirksamkeit eines Spiegels liegt nicht im Design, sondern in der Absicht, die man mit ihm verbindet. Die richtige Anwendung eines Spiegels hängt von Ihrem ästhetischen Empfinden und Ihrer Wahrnehmung des Energieflusses ab.

Farben – die Kleider des Raumes

Mit Farben bringen Sie Fröhlichkeit ins Haus und können sich und Ihre Tätigkeiten unterstützen. Farben beeinflussen optisch die vorhandenen Lichtfrequenzen und dadurch die Atmosphäre im Raum. Dies verändert in Folge die Vitalenergie Chi.

Um die richtigen Farben auszuwählen, bietet Feng Shui Ihnen verschiedene Möglichkeiten: Sie können nach den Fünf Elementen (siehe Seite 48/49), nach Yin und Yang (siehe Seite 29) und nach den Himmelsrichtungen (siehe Seite 51, 129 ff.) ausgewählt werden.

Als Hintergrundfarbe für große Bereiche wählt man meist blassere, weichere Töne. Als Akzentfarbe für kleinere Bereiche nimmt man die kräftigere Töne. Je kräftiger die Farbe, desto weniger brauchen Sie davon.

Wenn Sie in einem Raum nur eine Wand farbig streichen, ist es wichtig, den Lichteinfall zu prüfen. Ideal ist es, die Wand einzufärben, auf die die Sonne am längsten scheint. Aber auch an grauen Tagen bringen einzelne farbige Wände Farbe in den Raum. Das heißt, dass ein Gelb- oder Apricotton an einer Wand dem ganzen Zimmer einen warmen Schimmer gibt. Bei zwei Wänden im selben Farbton wirkt die Farbe je nach Wandverlauf und Lichteinfall heller oder dunkler. Möchten Sie die dunklere Wand aufhellen, mischen Sie etwas mehr Weiß in den Ausgangston.

Gestaltungstechniken

Die Wirkung einer farbigen Wand hängt von der Auftragtechnik und der Wandstruktur ab:

- Sie können eine Wand komplett mit der Farbe streichen oder einen 7 bis 10 cm breiten „Rahmen" in der Farbe der restlichen Wände anlegen. Dann wirkt die Farbe wie ein Bild und damit eleganter.
- Eine satt gestrichene Wand erscheint massiver als eine Wand in Wischtechnik, die leichter und wolkiger wirkt.
- Eine Decke in reinem Weiß hat einen größeren Reflexionsgrad und macht den Raum höher. Bei Altbauten mit großen Deckenhöhen kann man die Decke durch farbige Gestaltung optisch „abhängen".
- Niedrige Räume wirken höher, wenn man oben als Wandabschluss ein 7–10 cm breites Band in der gleichen Farbe anlegt wie die Decke.

Farbwahl nach der Himmelsrichtung

Grundsätzlich können Sie jeden Raum entsprechend der Himmelsrichtung, in der er liegt, gestalten, beispielweise ein Wohnzimmer (siehe Seite 129 ff.). Prüfen Sie zunächst, ob Sie die dort vorherrschende Energie verstärken, bewahren oder beruhigen wollen.

- Die verschiedenen Farben wirken je nach Wellenlänge des Lichts, das auf sie trifft, unterschiedlich.

Ein orangefarbener Stoff besteht aus Partikeln aller Grundfarben in einem speziellen Mischungsverhältnis. Betrachtet man den Stoff im Südosten, Süden, Südwesten und Westen, erscheint er strahlend orange. Die Wellenlänge des Lichts dieser Himmelsrichtungen bringt die warmen Farben Rot und Gelb zum Leuchten. Im Nordwesten, Norden, Nordosten und Osten erscheint die Farbe dagegen matt und eher bläulich. Die Wellenlänge des Lichts dieser Himmelsrichtungen spricht die Blau und Schwarzpartikel an. Bei Blautönen ist es gerade umgekehrt. Daher muss man bei der Farbwahl die Himmelrichtung immer mit einbeziehen. Der schönste Stoff kann vor dem „falschen" Fenster nicht wirken.

Gestaltungsmittel auf einen Blick

Aquarien: Gelten als Chi-Spender, fördern nach chinesischem Glauben Reichtum und gute Gelegenheiten.

Bewegliche Objekte (Mobiles, Windräder, Windspiele, Deckenventilatoren, elektrische Objekte, Lichtobjekte): Aktivieren und verteilen das Chi.

▲ Frische Blumen stehen für das Leben.

Blumen: Frischen die Atmosphäre auf, sind Gestaltungsmittel in Farbe und Form der Elemente. Als Erinnerungspunkt können sie für eine Zielvorstellung eingesetzt werden. Verwelkende Blumen sofort entfernen, da sie die Information „sterben" tragen.

Bilder: Ihre Farbigkeit unterstützt die Elemente, als Symbole unterstützen sie die Absicht, die Sie in den Raum geben wollen.

Bücher: Symbolisieren Wissen, geordnete Bücherwände stabilisieren.

DNS-Spiralen: Rechtsdrehende Spiralen aktivieren, linksdrehende Spiralen beruhigen die Energie des Raumes. Vorsicht: Die Spiralen wirken durch die DNS-Struktur sehr stark und können, am falschen Platz aufgehängt, für große Unruhe sorgen. Das Aufhängen einer DNS-Spirale im Mittelpunkt der Wohnung (Baguafeld Tai Chi) sollte nur nach fachmännischer Beratung erfolgen.

Duft: Regt die Sinne an, verknüpft Situationen, frischt Vitalenergie Chi auf.

Farben: Mit Farben können die Elemente (Feuer, Erde, Metall, Wasser, Holz) oder Yin und Yang ausgeglichen werden. Die Farbfrequenzen wirken auf unsere Alpha-Wellen in Gehirn und beeinflussen daher direkt unser Befinden.

Fensterbilder: Stoppen das Chi.

Früchte: Frische Früchte symbolisieren Lebenskraft und frischen die Energie auf. Auch eine Fruchtschale mit Kunstfrüchten kann als Symbol für Fülle stehen.

Gedanken: Unterstützen auf der feinstofflichen Ebene die äußerlichen Maßnahmen und das Erreichen des Ziel. Wichtig sind konkrete und genaue Vorstellungen. Machen Sie sich bewusst, was Sie wirklich wollen (siehe auch Test Seite 92 ff.).

Haustiere: Beleben die Energie.

Kerzen: Bringen Feuerenergie in den Raum.

▲ Kerzen stehen für das Feuerelement.

Klangspiele: Halten, verteilen und fördern Energie.

Kristalle: Erhöhen die Energie im Raum, aktivieren, ziehen Vitalenergie Chi an, wirken im Hauszentrum stabilisierend. Müssen makellos und sauber sein.

Licht: Grundvoraussetzung für Lebensenergie, vergrößert Räume, vitalisiert und erhöht die Energie.

Lichtspiele: Frischen Vitalenergie Chi auf.

Persönliche Gegenstände: Unterstützen das Selbstbewusstsein. Dienen als Erinnerungsmarker. Verankern Gefühle und Erinnerungen.

Pflanzen: Zerstreuen und verteilen das Chi und symbolisieren Wachstum; jede Pflanze besitzt ihre eigene Symbolik und Wirkungsweise.

Rosenkugeln: Verteilen die Energie. Durch die Farbwahl können die Elemente berücksichtigt werden.

Schwere Objekte (Steine, Blumentöpfe, Skulpturen, schwere Möbel): Geben Halt und stabilisieren die Situation.

Spiegel: Reflektieren, vergrößern, schaffen Tiefe, ziehen Chi an, verdoppeln, schützen vor Energieverlust, gleichen Fehlbereiche aus.

Stoffe: Je nach Materialart beschleunigen oder bremsen sie die Energie. Durch die Farbe, das Muster oder die Art der Aufhängung (wellig, glatt) repräsentieren sie ein Element. Durch die Farbintensität, also pastell oder kräftig, repräsentieren sie Yin oder Yang.

Symbole: Stehen für eine Absicht, eine Idee oder ein Ziel. Durch ihre Präsenz werden wir daran erinnert. Symbole können stärken oder schwächen, je nach Inhalt der Mitteilung.

Vogelhäuser: Bringen Vitalenergie in den Garten. Beleben die Energie.

Wasser: Sammelt und frischt die Vitalenergie auf, Symbol für Reichtum und Lebensfluss. Wichtig: Das Wasser muss sauber sein!

▼ Zimmerbrunnen frischen Chi auf.

Die Räume Ihrer Wohung

Einladend, anregend, entspannend: Mit einfachen Mitteln können Sie Ihre Wohnung den verschiedensten Bedürfnissen anpassen.

Bereits kleine Veränderungen in Ihrer direkten Wohnumgebung können ein harmonischeres Zusammensein mit dem Partner fördern, die Familienbeziehungen festigen und zu mehr Kreativität beim Arbeiten führen.

Der Eingangsbereich – der erste Eindruck

Den ersten Eindruck von Ihnen und Ihrer Wohnumgebung vermittelt der Eingang. Das fängt bei der Eingangstür mit Türschild an und setzt sich in der Gestaltung des Türgriffs und vielleicht einer Türdekoration fort.

Stellen Sie sich vor, Sie gehen von weitem auf Ihr Haus, Ihre Wohnung zu. Welchen Eindruck haben Sie? Wenn das Haus oder die Wohnung nun eine Person wäre, würde sie Ihnen gefallen? Würden Sie gerne Bekanntschaft mit ihr schließen? Oder würden Sie diese Person lieber meiden?

Blockierte Eingänge – blockierte Energie

Was sehen Sie als Erstes, wenn Sie die Tür öffnen? Wenn Sie direkt auf eine Wand zulaufen und sich erst nach rechts oder links wenden müssen, um in die Wohnung zu kommen, dann haben Sie es mit einem blockierten Eingang zu tun. Wenn die Energie nicht richtig in die Wohnung fließen kann, ist dies mit mangelnder Durchblutung im Körper gleichzusetzen. Auf der symbolischen Ebene kann das heißen, dass Sie auch in einem Lebensbereich mit einer Blockade zu tun haben oder dass Ihnen der Weitblick abhanden kommt.

Sie können die Situation ändern, indem Sie die Wand optisch „öffnen“. Dafür

Wissen

Ruhe und Klarheit auch in kleinen Räumen

Sie können offene Regale und Garderobenhaken an der Wand verstecken, indem Sie an der Decke eine zweiläufige Schiene installieren und glatte Flächenvorhänge dicht vor den Regalen anbringen – glatte Flächen vergrößern einen kleinen Raum, wellig fallende Vorhänge verkleinern ihn optisch.

eignen sich Spiegel oder Bilder. Hängen Sie ein Bild mit großer Tiefenwirkung auf, sodass Sie den Eindruck gewinnen, dass der Flur einfach weitergeht. Gut eignen sich hier Landschaftsbilder, Meeresbilder mit Horizont oder perspektivische Motive. Ungeeignet sind dagegen aggressive Symboliken, ein trauriger Clown oder ein „Lonesome Rider"-Motiv.

Wenn Sie an beiden Seiten der Haupteingangstür innen Spiegel anbringen, kann dies einen erheblichen Zustrom an neuer Energie im eigenen Leben bewirken, da Spiegel Energien zum Fließen bringen.

Wissen

So vermeiden Sie Energiepfeile

- Strukturierung des Bodens durch waagerechte „Bremslinien", mäandernde oder geschwungene Muster.
- Geschwungene oder quer angebrachte Lichtleisten an der Decke.
- Lichtführung durch versetzt angebrachte Wandlampen.
- Wegführung durch versetzt angebrachte Bilder, Tischchen, Pflanzen, Kunstwerke.
- Strukturierung der Wandflächen zwischen den Türen durch Farbe, Einrichtungsgegenstände oder Bilder.

Ordnung und Klarheit

Welchen ersten Eindruck haben Sie, wenn Sie beim Hereinkommen erst einmal über Berge von Schuhe, Mäntel, Taschen und verschiedene Müllbehälter, die zum Entsorgen bereitstehen, stolpern? In jedem noch so kleinen Eingangsbereich steckt das Potenzial, ein aufgeräumter Bereich zu sein. Überlegen Sie, wo Sie die Dinge, die momentan nicht gebraucht werden (beispielsweise Winterjacken und Schuhe) verstauen können. Suchen Sie nach Möglichkeiten, die Dinge, die aktuell gebraucht werden, in geschlossenen Möbeln im Eingangsbereich unterzubringen. Das bringt Ruhe und Klarheit in den Raum.

Je heller und wärmer die Gestaltung Ihres Eingangsbereiches ist, desto einladender wirkt er. Frische Farben und viel Licht erwecken den Eindruck von Offenheit. Schaffen Sie mit unterschiedlicher Beleuchtung oder mit Spots, mit denen Sie verschiedene Richtungen ausleuchten, Weite und eine stimmungsvolle Atmosphäre.

Energie lenken und Energiepfeile meiden

Insbesondere durch die Bodengestaltung können wir die Energierichtung lenken. Achten Sie daher auf die Verlegerichtung des Parketts oder der Bodenfliesen beziehungsweise auf die Webrichtung des Teppichs und die Fließrichtung des Musters. In einem langen Flur würde beispielsweise ein längsgestreifter Teppich die Energie noch beschleunigen und den Gang optisch verlängern. Querstreifen bremsen den Energiefluss und verteilen ihn in die abgehenden Räume. Lenken Sie die Energie bewusst durch die Wohnung.

In langen Fluren mit einander gegenüberliegenden Türen beschleunigt sich der Chi-Fluss und wird zum Energiepfeil. Deshalb sollten Sie in Längsrichtung verlaufende Dekorationen, Bodenmuster oder Lichtleisten an der Decke vermeiden, denn sie beschleunigen den Chi-Strom.

Treppen

Treppen beschleunigen Energie – falls sich in Ihrem Eingangsbereich eine Treppe befindet, kann das symbolisch auf ein ständiges Auf- und Ab in Ihrem Leben hindeuten.

Solide Treppen vermitteln die unbewusst aufgenommene Aussage von Standhaftigkeit, Solidität und Vertrauen. Bei offenen Treppen dagegen entweicht die Energie und wird nicht gelenkt. Offene Treppen fördern das unbewusste Gefühl der Unsicherheit und rufen dadurch eine psychische Schwächung hervor.

Auch abwärts führende Treppen vermitteln das Wegfließen der Energie. Sie sollten daher nicht gegenüber dem Wohnungseingang oder gegenüber einer Zimmertür (siehe Energiepfeile, Seite 32 ff.) platziert sein. Stabilisieren Sie eine ungünstig gelegene Treppe mit einer Pflanze oder einem massiven Objekt am oberen Ende. Sie können aber auch die Wand, auf die man im unteren Bereich zugeht, freundlich gestalten, beispielsweise mit Farbe und Licht oder einem Bild, das als Stopper wirkt.

▼ Ein Bild als Stopper und Blickpunkt am unteren Ende einer Treppe stabilisiert.

Das Wohnzimmer – Raum für die Geselligkeit

Schauen Sie sich Ihr Wohnzimmer an und überlegen Sie als Erstes, welche Atmosphäre Sie hier schaffen möchten. Soll es ein gemütlicher, behaglicher Raum sein zum Entspannen und um auf dem Sofa herumzuliegen? Oder ein Familienzimmer, in dem sich die ganze Familie trifft und daher unterschiedlichste Belange bedacht werden müssen? Oder der Raum, in dem Sie Gäste empfangen und Partys feiern? Möchten Sie eine coole Atmosphäre oder eine heimelige?

Danach machen Sie eine Bestandsaufnahme Ihrer Möbel, Einrichtungsgegenstände und Dekorationen. Prüfen Sie genau, was Sie benötigen, was Sie aufstellen wollen und was entbehrlich ist. Passen die Dinge zueinander? Oder herrscht ein Wirrwarr von Stilen bei den Möbeln, beispielsweise ein helles Regal aus Buchenholz direkt neben einem schwarzen Schränkchen, gleich daneben noch ein weißes offenes Bücherregal, dann ein mittelbraun furnierter Couchtisch aus den 50er Jahren, eine braun-beige gemusterte Sitzlandschaft, ein neuerer Sessel aus dem Erfolgsmöbelhaus und ein weißer Vitrinenschrank?

- Entscheiden Sie sich für eine Stil- oder Farbrichtung und bringen Sie dadurch Klarheit in den Raum.

Das könnten beispielweise die weißen Möbel sein, vielleicht findet sich in der Wohnung noch ein weiteres weißes Möbelstück, das man tauschen und ins Wohnzimmer stellen kann.

Nach dem Entrümpeln hat man meist wieder mehr Platz und es stellt sich heraus, dass man auf einige Objekte gut verzichten kann. Vielleicht stellen Sie ja auch fest, dass die ungeheuere Anzahl von Büchern im Wohnzimmer reduziert und in einem anderen Raum gesammelt aufbewahrt werden kann. Es gibt viele Möglichkeiten, wenn man beginnt, mit seiner Wohnung kreativer umzugehen.

Der geeignete Sitzplatz

Vorteilhaft ist es, wenn Sie das Sofa mit dem Rücken zur Wand stellen können und so ausrichten, dass Sie den Überblick über den Raum haben. Dabei sind Gruppierungen mit Sofa und Sesseln oder zwei Sofas harmonischer und geselliger als ein einzelnes Sofa. Das vermittelt sofort den Eindruck von Einsamkeit, da es kein Gegenüber gibt.

Sitzmöbel, die mitten im Raum stehen, sollten Sie mit einem seitlich stehenden Tischchen stabilisieren. Sie haben hier eine offene Flanke und sind ungedeckt. Statt eines Tischchens können Sie auch eine Pflanze oder einen großen Korb

▲ Hier hat es genügend Platz für die ganze Familie.

mit Decken oder Zeitungen aufstellen. Wichtig ist einfach, dass sich zwischen dem Raum und der Sitzgelegenheit ein Puffer befindet.

Steht das Sofa mit dem Rücken zum Raum, hilft ein schmales, halbhohes Regal (nicht höher als die Lehne des Sofas) oder ein langes schmales Tischchen, den Rücken zu festigen. Sie können darauf ein kleines Tischlämpchen oder Pflanzen stellen.

Wenn Sie mit dem Muster Ihres alten Sofas oder Sessels nicht mehr zufrieden sind oder wenn Sie feststellen, dass der blaue Bezug im Südzimmer nicht passt, dann versuchen Sie es einfach mit Decken und Überwürfen in der gewünschten Farbe. Auch neue Kissenbezüge im richtigen Design können ein altes Sofa völlig verwandeln. Mit einem Teppich vor der Sitzgruppe definieren Sie den Bereich und sorgen dort für mehr Wärme.

- Achten Sie darauf, dass im Wohnzimmer genug Platz und Geräumigkeit herrscht und Sie den Raum nicht mit zu vielen Möbeln verstellen, sonst stockt die Energie. Beschränken Sie sich auf das Wesentliche.

Beleuchtung

Neben einer guten Grundbeleuchtung sollten Sie für mehrere Stimmungslichter sorgen. Stellen Sie Tischlämpchen auf den Beistelltisch, ins Regal oder auf die Fensterbank. Durch unterschiedlich gefärbte Lampenschirme können Sie die Atmosphäre im Raum gestalten. Ein weiteres Mittel sind Stehlampen bei der Sitzgruppe oder in der gegenüberliegenden Ecke. Leuchten Sie dunkle Ecken aus, denn hier stagniert die Energie, und Staub sammelt sich aufgrund der Nichtbeachtung. Beleben Sie die Ecke wenigstens mit einer Pflanze oder einem Objekt, um das Sie sich regelmäßig kümmern, wenn sie es beispielsweise reinigen.

Vorhänge, Jalousien, Rollos

Fenster sind die Augen Ihrer Wohnung. Verschmutzte Fenster trüben den Blick.

Klare Sicht nach außen ist genauso wichtig wie Sichtschutz nach innen. Dabei haben Sie viele Möglichkeiten, den Raum allein durch die Wahl der Fensterdekoration zu gestalten:

- Wellige Aufhängung der Vorhänge bringt mehr Weichheit, also Yin, in ein Zimmer.
- Schwere, dunkle Vorhänge geben dem Raum mehr Basis und damit ebenfalls mehr Yin als leichte Organzastoffe mit feinen eingestickten Motiven (Yang).
- Ein Stoff mit Ausbrennmotiven ist blickdicht, gewährt aber dennoch partiellen Durchblick und schottet weniger ab als ein dicht gewebter Store.

▲ Vorhänge aus Stoff sind Yin und wirken weich und romantisch.

Spielen Sie mit der „Fensterbekleidung" und passen Sie diese Ihrem Zweck an:

- Jalousien aus Metall lassen sich gut verstellen, wirken aber nüchtern und kühl und sind daher geeignet für „coole" Single-Wohnungen, für Arbeits- und Jugendzimmer, aber auch für Bäder.
- Holzjalousien geben dem Raum mehr Wärme.
- Stoffrollos machen einen Raum wohnlicher und lassen sich auch gut mit Vorhängen kombinieren.

Haben Sie einen schönen Ausblick und möchten diesen tagsüber genießen, aber das Fenster schaut zu leer aus? Dann hängen Sie zu beiden Seiten des Fensters zur Dekoration Übervorhänge auf, die man nicht zuziehen kann. Als Nacht- oder Sonnenschutz dient ein zusätzliches Stoffrollo. Auch plissierte Klemmrollos, die zwischen den Fensterrahmen eingespannt werden, sind eine schöne Alternative. Sie können von unten nach oben oder von oben nach unten geschoben werden und ermöglichen so eine individuell einstellbare freie Sicht.

Flächenvorhänge beruhigen das Raumbild, da sie sehr klar wirken. Mit 3- bis 4-läufigen Schienen lassen sich sehr schöne Effekte erzielen, da Sie die Stoffbahnen in verschiedenen Farben oder Mustern übereinander schieben können.

- Da Vorhänge das Bild eines Raumes stark prägen, genügt manchmal als erster Schritt, einfach den richtigen Vorhang für das Zimmer zu finden.

Bilder- und Fotogalerien

Ein beliebtes Gestaltungsmittel im Wohnzimmer sind Fotos. Aus fünf werden zehn und immer mehr. Irgendwann sind ganze Wände damit gepflastert und Regale vierreihig hintereinander verstellt. Eine Flut von Gesichtern und Stimmungen stürzt auf den Betrachter ein, „man sieht den Wald vor Bäumen nicht“. Jedes Bild hat seine eigene Geschichte und Stimmung, auf die man sich beim Betrachten einlassen können sollte. Das geht nicht, wenn einen gleichzeitig „zig“ andere Stimmungen anspringen, man nirgends verweilen kann und einen die Überfülle an Eindrücken ermüde. Dann bekommt kein Foto die Achtung, die es verdient hat. Denn das war ja ursprünglich unsere Absicht beim Aufstellen. Überlegen Sie, wie viele Fotos der Platz verträgt, an dem Sie sie aufstellen oder aufhängen wollen.

Gerahmte Fotos wirken solider und bewusst gestaltet und drücken Wertschätzung aus, im Gegensatz zu Bildern, die einfach nur an die Wand gepinnt wurden.

Wechseln Sie lieber die Bilder von Zeit zu Zeit aus und beschränken sich auf eine überschaubare Menge. Dabei haben Sie auch den Effekt, dass Sie immer wieder neue und auch aktuelle Fotos ausstellen können und sich schon beim Aussuchen mit den abgebildeten Menschen beschäftigen.

Dekorationen

Völlig überfüllte Regale und Ablageflächen sind ein häufiger Anblick im Wohnzimmer. Wie sieht es bei Ihnen aus? Hier sollten Sie sich daran erinnern, dass jedes Objekt seinen Raum braucht. Stellen Sie Ihre Dekorationen bewusst auf. Für Familien ist das Wohnzimmer auch ein Ort, an dem Objekte und Einrichtungsgegenstände aufgestellt werden können, die für alle eine Symbolik haben und dadurch für Gemeinsamkeit stehen.

Ganz wichtig ist auch die Wand gegenüber der Tür, durch die man das Wohnzimmer betritt, denn hierhin fällt der erste Blick des Betrachters beim Eintritt. Gestalten Sie diese Wand sehr bewusst, denn sie ist für den ersten Eindruck verantwortlich. Sie ist ihre Visitenkarte und sagt sehr vieles über Sie aus. Hängen hier Geweihe und Jagdtrophäen, dann liefert das unserem Unterbewusstsein ganz spezifische Signale (konservativ, Jagdinstinkt, Sammler). Erblickt man eine große Fensterfläche mit schönen Blumen auf der Fensterbank, sendet das andere Signale aus, als wenn die Fensterbank mit Gerümpel, verwelkten Blumen und einem Teller mit Essensresten vollgemüllt ist.

◀ Teppich und Pflanzen definieren hier die Sitzecke.

Bereiche definieren und Räume unterteilen

Haben Sie einen großen Raum für das Wohn- und Esszimmer? Dann strukturieren Sie ihn durch optische Trennung. Dies können Sie mit unterschiedlichen Maßnahmen:

- Ein Teppich vor der Sitzgruppe zentriert den Wohnbereich. Wollen Sie den Essbereich ebenfalls definieren, können Sie dies mit einem weiteren Teppich unter der Esstischgruppe oder mit geschickt gestellten Pflanzen erreichen.
- Zwei große Pflanzen im Abstand von einem Meter bilden einen Durchgang. Eine Pflanzenreihe kann einen Raumteiler ersetzen. Allein schon eine Pflanze oder eine Bodenvase, im richtigen Raumverhältnis gestellt, grenzt zwei Bereiche voneinander ab.
- Befindet sich Ihr Schreibtisch im Wohnraum, stellen Sie ihn und den Bürostuhl auf einen Teppich und schaffen Sie eine Arbeitsinsel. Ist er Teil des Schlafraums oder des Gästezimmers, trennen sie ihn durch einen Paravent ab.
- Mit Pflanzen, Paravents und halbhohen (ca. 140 cm) Möbelstücken können Sie den Einfluss unterschiedlicher Wohnbereiche abmildern.
- In einem Studioappartement schaffen Teppiche unterschiedliche Bereiche. So wissen Sie und Ihre Gäste immer, in welchem „Raum“ sie sich gerade aufhalten.
- Sie können die Räume auch mit Stoffen gestalten oder durch farbige Wände Funktionen definieren.

Mit jeder Unterteilung von mehrfach genutzten Räumen schaffen Sie Klarheit und gestalten bewusst Ihre Umgebung.

So stärken Sie Familienenergien

Um familiäre Harmonie und Geselligkeit zu fördern stellen Sie Sofa und Sessel so auf, dass sie annähernd einen Kreis bilden. Der Fernseher sollte etwas Abseits stehen, damit er nicht die zentrale Position im Raum einnimmt.

Rund um den Esstisch

Mit Tischformen und -oberflächen können Sie die Atmosphäre bei den Mahlzeiten verschieden beeinflussen:

- Ein runder oder ovaler Tisch wirkt anregend für lebhafte Gespräche.
- Ein quadratischer Tisch bringt Stabilität und Ausgeglichenheit.
- Rechteckige Tische wirken formell und strukturiert.

Je nach Oberfläche können Sie in Kombination mit der Form eine bestimmte Stimmung erzeugen: Ein runder Glastisch beispielsweise beschleunigt den Energiefluss und schafft eine dynamische und anregende Atmosphäre. Ein runder Tisch aus Weichholz dagegen wirkt entspannender. Je mehr Yang-Qualitäten Sie einbringen, desto schneller fließt die Energie (siehe auch Seite 28).

Ein Yang-eingedeckter Tisch eignet sich für förmliche Mahlzeiten. Es dominieren klare Linien, kräftige Farben, glänzende Materialien und bei der Ausstattung Beschränkung auf das Wesentliche. Ein Yin-eingedeckter Tisch sorgt mit sanften Farben, Stoffen und Dekorationen für ein entspanntes Umfeld und längeres Verweilen.

Sitzplatz und Himmelsrichtungen

Im klassischen Feng Shui hat jede Himmelsrichtung (siehe Seite 50) auch einen Bezug zu den Mitgliedern der Familie. Mit diesem Wissen können Sie sich selbst und Ihre Familie sowohl im Wohn- als auch im Esszimmer stärken und unterstützen. Wichtig ist hierbei die Blickrichtung. Je länger man an einem Platz sitzt, desto stärker wirkt der Einfluss der Richtungsqualität. Überlegen Sie, welche Energie Sie und ihre Familie am besten fördert und entscheiden sich dann für den geeigneten Sitzplatz. Falls die Ausrichtung nach Himmelsrichtungen in Ihrer Wohnung nicht geht, können Sie zumindest die Reihenfolge der Personen einhalten:

- **Vater** (Sitzplatz im NW mit Blick nach SO): Führungsqualität, Autorität, Respekt. Der Blick nach SO fördert die Kommunikation.
- **Mittlerer Sohn** (Sitzplatz im N mit Blick nach S): Ruhe und Ausgeglichenheit als Basis, aber durch den Blick nach S Leidenschaft und Tatendrang.
- **Jüngster Sohn** (Sitzplatz im NO mit Blick nach SW): Stärkung der Motivation.
- **Ältester Sohn** (Sitzplatz im O mit Blick nach W): Unterstützt Aktivität und Ehrgeiz. Der Blick nach W unterstützt Gefühle der Zufriedenheit und Romantik.
- **Älteste Tochter** (Sitzplatz im SO mit Blick nach NW): Förderung der Kommunikation. Blick nach NW unterstützt Würde und Respekt.
- **Mittlere Tochter** (Sitzplatz im S mit Blick nach N): Lebhaftigkeit, Leidenschaft und

Ausdrucksstärke werden gefördert. Der Blick nach N fördert innere Ruhe und Gelassenheit.

- **Mutter** (Sitzplatz im SW mit Blick nach NO): Nährende, umsorgende Familienharmonie. Blick nach NO fördert Leistungsbereitschaft, Motivation, Sinn für praktische Dinge.
- **Jüngste Tochter** (Sitzplatz im W mit Blick nach O): Unterstützt Gefühle der Romantik, Verspieltheit, Vergnügen. Blick nach O begünstigt Aktivität, Ehrgeiz, Selbstvertrauen.

Farbwahl nach den Himmelsrichtungen

Am Beispiel eines Wohnzimmers möchte ich Ihnen zeigen, wie Sie einen Raum nach den Himmelsrichtungen gestalten können. Grundsätzlich gilt: Je wärmer die Töne, desto wärmer die Himmelsrichtung. Diese Regel hängt nicht von der Farbintensität ab, sie gilt auch für Pastelltöne. Beispiel Rot:

- Süden: (wärmster) gelblicher Rotton. Von Süden nach Norden wird der Rotton immer bläulicher.
- Norden: (kühlster) bläulichster Rotton. Von Norden nach Süden wird der Rotton immer gelblicher.

Am günstigsten liegt das Wohnzimmer im Südosten, Süden, Südwesten und Westen der Wohnung. Das Yang-geprägte Sonnenlicht sorgt hier für Aktivität, was die Geselligkeit fördert. Aus der Zuordnung der Elemente und Farben ergibt sich folgendes Schema:

- **Südost:** Ein Wohnzimmer im Südosten wird durch Dekorationen und Farben des Elements Holz unterstützt. Dazu können Sie alle Grün- und Blautöne als Hauptfarben einsetzen. Als Flächenfarben wirken pastellige Töne entspannender, da sie mehr Yin sind. Als Grundfarbe eignet sich gebrochenes Weiß oder Champagnerweiß – reines Weiß ist zu hart. Bei den kräftigeren Tönen genügen meist Akzente (Sofakissen, Muster der Vorhänge oder Teppiche). Wenn Sie das Gefühl haben, dass in dem Raum etwas fehlt und er nicht wirklich harmonisch ist, gleichen Sie die Holzenergie mit etwas Feuerenergie aus: Legen Sie auf das Sofa noch ein Kissen in Purpur oder bläulichem Lila, oder hängen Sie ein Bild auf, das Feuerelemente hat, oder wählen Sie Zickzack-Muster bei den Vorhängen.
- **Süd:** Verwenden Sie hier ebenfalls Cremeweiß als Grundton und wählen Sie unter den Farben des Feuers – alle Rot- und Lilatöne – und der Erde – alle Töne von Gelb über Orange bis Braun. Möchten Sie mehr Entspannung in den Raum bringen, dann sind Erdtöne besser. Mit den Feuerfarben können Sie den Raum aktivieren, da das Südlicht Rottöne besonders zum Strahlen bringt. Die vorherrschende aktive Energie wird genährt durch hohe Pflanzen mit länglichen Blättern oder Stoffen mit vertikalen Streifen und anderen Gestaltungsmitteln aus dem Element Holz. Vorsicht, ein Zuviel an Feuer kann zu Streitigkeiten führen.
- **Südwest:** Die Hauptfarben im Südwesten sind die Erdfarben mit warmem Gelb und Braun. Auch Einrichtungsgegenstände wie Sideboards oder Truhen, also die Form eines liegenden Rechtecks, und Objekte aus Ton und Keramik stehen Ihnen zur Auswahl. Sie können mit

Akzenten in Bordeauxrot oder anderen dunkleren, warmen Rottönen das Gefühl von Romantik fördern. Wenn Sie den Raum lieber klarer und sachlicher gestalten möchten, suchen Sie sich zum Ausgangselement Erde noch Gestaltungsmittel aus dem Element Metall, beispielsweise zu gelber Wand oder Parkettboden und Sideboard Einrichtungsgegenstände mit Chrom, metallene oder silberne Objekte, runde, bogenförmige Muster oder auch weiße Vorhänge.

- **West:** Die Qualität dieser Himmelsrichtung ist Entspannung, freudiges Zusammensein und Zerstreuung und passt sehr gut zu einem Wohnbereich. Die Hauptfarben entsprechen dem Element Metall, also Weiß, alle Grautöne und Silber, und dem Element Erde mit warmen Gelb- und Brauntönen, Gold und Messing. Für eine weiche, romantische Stimmung können Sie mit Akzenten von warmem Rotbraun und Dunkelrot sorgen. Auch runde Formen und Muster repräsentieren die Metallenergie. Möchten Sie den Raum sachlicher gestalten, dann fügen Sie zu den Metallelementen Akzente der Wasserenergie: schwarze oder dunkelblaue Objekte und Möbel, einen dunkelblauen Teppich (siehe unten).
- **Nordwest:** Hier können Sie mit den gleichen Maßnahmen den Raum gestalten wie für den Westen. Mit Erdtönen bringen Sie mehr Wärme in das Zimmer. Beachten Sie die Regel der Wirkung der Farben in den Himmelsrichtungen (siehe Seite 129): Rötliches Gelb beispielsweise wirkt im Süden am wärmsten. Nach Norden zu wird der Gelbton immer kühler.
- **Nord:** In einem im Norden gelegenen Wohnzimmer werden Sie eher das Bedürfnis nach Schlafen haben als nach Geselligkeit. Die Energie ist hier zu ruhig und fördert daher eher Nachdenken und Meditation. Die Situation können Sie durch Akzente des Feuerelements auffrischen, beispielsweise durch Objekte

Wissen

Romantisch oder sachlich?

Ein Raum kann den Elementen und Himmelsrichtungen entprechend eingerichtet sein, aber dennoch zwei komplett unterschiedliche Stimmungen haben: Stellen Sie sich einen Raum im Westen mit weißen Wänden und einem hellgrauen Teppichboden vor. Nun addieren Sie ein rostbraunes Sofa und zwei rostbraune Sessel dazu. Die weich fließenden Vorhänge haben einen warmen gelben Grundton und sind mit einem wellenförmigen, hellbraunen Muster bedruckt. Auf einem braunen Sideboard stehen messingfarbene Kerzenleuchter.
Nehmen Sie nun den gleichen Raum. Sofa und Sessel sind jetzt dunkelblau. An den Fenstern hängen in geraden Bahnen weiße Flächenvorhänge. Auf dem braunen Sideboard stehen silberne Kerzenleuchter. Als Akzente liegen auf dem Sofa Kissen in bläulichem Pink.

Wissen

Spannend oder langweilig?

Stellen Sie sich einen Raum im Nordosten vor, der Bodenbelag ist hellbraunes Parkett (Erde). Das Sofa und zwei Sessel haben einen naturfarbenen Überzug (Metall). An den Fenstern hängen leichte, mintgrüne Vorhänge (Holz). Die Wände sind weiß bis auf eine schmale, brombeerfarbene Wandpartie (Feuer). Sie können sich stattdessen auch brombeerfarbene Sofakissen vorstellen.

Der gleiche Raum. Auf dem naturfarbenen Sofa liegen Kissen in Gelb. Vor der Sitzgruppe liegt ein naturfarbener Teppich. Auf dem Glascouchtisch mit Chrombeinen steht eine runde, silberne Vase. Die Wände sind in gebrochenem Cremeweiß, die Vorhänge sind naturweiß mit hellgrünen Vertikalstreifen.

oder Stoffe mit Purpur oder bläulichem Rot. Auch hochwachsende Pflanzen oder solche mit großen länglichen Blättern bringen mehr Schwung. Silberne oder weiße Übertöpfe oder andere Gestaltungsmittel aus dem Element Metall – auch die weiße Wandfarbe – harmonisieren den Raum. Silber und helle Grautöne erscheinen im Norden edel und elegant.

- **Nordost:** Die unbeständige Energie des Nordostens wird durch das Element Erde verkörpert. Hier können Sie gut mit Zitronengelb oder anderen kühleren Gelbtönen dekorieren. Lindgrün und Azurblau und die kühleren Farben aus dem Holzelement passen hier ebenfalls hervorragend: Kühle Blau- und Grüntöne entsprechen auch dem Reflexionsgrad der Himmelsrichtung. Akzente setzen kräftigere Blautöne oder hochwachsende Pflanzen. Mit dunklem Pink, Aubergine- und Brombeertönen bringen Sie Spannung in das Zimmer (siehe oben).
- **Ost:** Den Osten zeichnet helles, eher weißes Sonnenlicht (im Gegensatz zum warmen Gelb des Südlichts) aus. Daher passen hier Pastelltöne von Grün und Hellbau und als Akzente sanfte bläuliche Rottöne, auch zartes Rosa oder Pink, wie die Magnolienblüten. Wenn Sie dem Raum Weichheit und Wärme geben möchten, wählen Sie Materialien aus dem Yin Bereich, also Stoffe, Teppiche, Holz- oder Rattanmöbel. Damit beruhigen Sie die schnelle Yang-Energie des Ostens. Mit Möbeln aus Schleiflack und Glas und einem polierten Steinboden wirkt der Raum nüchtern und Yang-betont. Man hat den Eindruck, dass die Energie schnell fließt, und man wird sich dort weniger gerne zu einer geselligen Runde treffen.

Das Schlafzimmer – Entspannung und Sinnlichkeit

Zwei unterschiedlichen Funktionen sollte das Schlafzimmer gerecht werden: als Ort für Ruhe, Entspannung sowie erholsamen Schlaf nach einem langen anstrengenden Tag und als Ort der Partnerschaft und Sinnlichkeit. Richten Sie sich das Schlafzimmer als Ausdruck der Leidenschaft und Sinnlichkeit ein, wie Sie es in Ihrem Leben haben möchten – egal, ob Sie alleine sind oder einen Partner haben.

- Das Schlafzimmer ist ist keine Gerümpelkammer, sondern der Ort der Ruhe und Intimität, der Romantik und Gefühle. Entrümpeln alleine genügt daher nicht.

Überlegen Sie, stellen Sie sich vor und sprechen Sie aus, was für Sie romantisch ist – und setzen Sie es um. Auch wenn Sie alleine leben: Die bewusste Gestaltung bedeutet Wertschätzung der eigenen Person und drückt aus, dass Sie sich und Ihre Gefühle, Ihre Wünsche und Vorstellungen ernst nehmen und sie beachten.

Wenn Sie mit einem Partner zusammenleben, unterhalten Sie sich über Ihre Vorstellungen von Romantik und wie man sie gemeinsam in dem Raum umsetzen kann. Vielleicht hat Ihr Partner zunächst keinen Sinn dafür. Dann fangen Sie einfach an, mit kleinen Schritten. Verbesserungen ziehen nach dem Resonanzprinzip auch Offenheit und positive Reaktionen an.

Das Schlafzimmer sollte unbedingt die Persönlichkeit beider Partner widerspiegeln und Ausgeglichenheit zwischen Yin und Yang: Das gelingt, indem Sie neben geraden und wuchtigen Yang-Elementen (Bett, Schrank) runde oder ovale Yin-Formen integrieren, wie ovale oder runde Teppiche oder Kissen, geschwungene Muster von Polsterstoffen, Vorhängen, Teppichen oder Bettwäsche, am besten in gedeckten Farben.

Reinigung

Vor dem Einzug, bei Partnerwechsel, nach Streit und Krankheit sollte der Raum energetisch gereinigt werden, denn Ereignisse und Gedanken sind Energien, die Spuren hinterlassen und wieder auf uns einwirken. Ein besonders schönes Ritual finden Sie auf Seite 82. Nach Streit und Krankheit auch Bettwäsche wechseln und lüften.

Nach einem Partnerwechsel, vor allem nach einer langen Partnerschaft, sollten Sie vor der energetischen Reinigung aufräumen. Trennen Sie sich von Dingen, die einem früheren Partner gehörten, und geben Sie sie zurück. Erinnerungsstücke, die Sie wirklich

Ein heimeliges Schlafzimmer, das zu Entspannung und Zweisamkeit einlädt.

behalten möchten, verstauen Sie im Schrank in einer schönen Schachtel oder stellen sie im Bagua-Bereich Familie (siehe Seite 101) in einem Aktivraum (Wohnen, Essen) bewusst auf. Wechseln Sie Matratze und Bettzeug – hier haben sich die energetischen Informationen der Beziehung angesammtelt. Auch ein frischer Wandanstrich (Stichwort „Tapetenwechsel") – wenn Sie mutig sind in einer ganz anderen Farbe als bisher – symbolisiert dem Unterbewusstsein die Bereitschaft zu einer Veränderung, einem neuen Lebensabschnitt.

Lage des Schlafzimmers

Am günstigsten ist es natürlich, wenn das Schlafzimmer im ruhigen Teil der Wohnung (Yin) liegt und keine Straße oder das Treppenhaus die Ruhe stört. Ist dies nicht möglich, können Sie mit der Auswahl der Materialien einige Verbesserungen vornehmen: Vorhänge an den Fenstern dämpfen die Geräusche. Für warme Nächte oder wenn man überhaupt gerne bei offenem Fenster schläft, dämpfen zusätzliche Stoffrollos den Geräuschpegel. Durch die heruntergelassenen Rollos kommt genug frische Luft in den Raum und man muss nicht die schweren Vorhänge zuziehen. Auch ein Stoffbaldachin über dem Bett und im schlimmsten Falle Ohrstöpsel können Ihnen zu ruhigem Schlaf verhelfen.

Das Bett

Suchen Sie einen sicheren Platz für Ihr Bett aus. Es sollte nicht zwischen Tür und Fenster aufgestellt werden. Damit man sich sicher fühlt, sollte der Blick zur Tür frei sein – denken Sie an das archaische Schutzbedürfnis in uns.

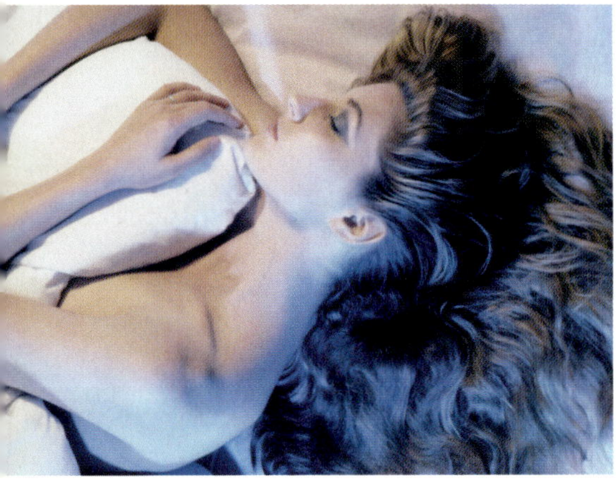

▲ Tiefer ungestörter Schlaf ist Voraussetzung für Gesundheit.

Betthöhe: Das Bett sollte höher als 30 cm sein, im Fußbodenbereich herrscht energetische Unruhe, da sich hier die positiv geladenen, energieabziehenden Sauerstoffionen sowie kalte Luft sammeln. Erst ab 30 cm Höhe befindet man sich im Bereich der Minus-Sauerstoffionen, die kräftigend und energetisierend wirken.

Stellung des Bettes:

- Wenn das Kopfteil an der Wand steht, sollte das Bett ca. 20 cm von der Wand entfernt werden. Meist befinden sich rechts und links vom Bett die Steckdosen, in der Wand im Kopfbereich sind die Stromleitungen dazu verlegt. Daher sollte man den Bereich der elektrostatischen Strahlung meiden.
- Steht das Bett mit dem Kopfteil über Eck schräg im Raum, dann stockt im Eckbereich die Energie und raubt Kraft. Deshalb sollte die Ecke ausgefüllt werden, beispielweise durch ein Ablagebrett, eine Pflanze oder Licht. Wichtig ist, die Ecke sauber zu halten.
- Ein Schrank zu nahe am Bett, Ablagebretter sowie schwere Lampen über dem Bett sind ungünstig, da dies das Energiefeld des Schlafenden beeinträchtigt.
- Auch eine niedrige Balkendecke über dem Bett kann zu energetischer Unruhe und Druckgefühl führen. Am besten die Balken hell streichen oder einen Stoffbaldachin übers Bett hängen. Bei hohen Balkendecken ist das nicht notwendig.

Bettgestell: Das Bettgestell ist idealerweise aus naturbelassenem Holz ohne Metall- und Kunststoffelemente, ebenso der Lattenrost. Metallgestelle wirken wie verstärkende Antennen für nieder- und hochfrequente Strahlung (Mobilfunk- und Telefon-Basisstationen).

Matratze: Da der Mensch nachts bis zu 2 Liter Feuchtigkeit ausschwitzt, sollte die Matratze atmungsaktiv sein. Außerdem muss unter ihr genug Freiraum zur Verdunstung vorhanden sein, damit sie schnell wieder austrocknet. Für Schubladen unterm Bett gilt daher ein absolutes Nein. Denn auch die energetischen Informationen der dort abgestellten Dinge beeinflusst unseren Schlaf.

Schlafprobleme durch Elektrosmog?

Mobilfunk- oder Richtfunkantennen geben hochfrequente Strahlung ab. Befinden sich solche Anlagen in Ihrer Umgebung, empfiehlt es sich, diese hochfrequente Strahlung abzuschirmen. Hierfür gibt es verschiedene Möglichkeiten, beispielsweise speziell entwickelte Tapeten, Wand- und Deckenanstriche sowie Matten unter dem Fußboden. Ein Baldachin über dem Bett aus speziellem Gewebe sorgt für Strahlungsfreiheit im Inneren und wirkt romantisch. Auch mit einem entsprechenden Außenputz lassen sich hochfrequente Strahlungen sehr gut neutralisieren.

Absorbierende Materialien sind Putz und Tapeten sowie Gipskartonplatten, die Grafit oder Carbonfasern enthalten. Carbon (Kohlenstoff) nimmt Hochfrequenzenergie auf und wandelt sie in Wärme um. Textilien mit Carbonfasern können für Vorhänge, Rollos, Betthimmel, Schirmmützen und Kleidung verwendet werden. Auch Holz, Bienenwachs und Porenbeton besitzen absorbierende Eigenschaften. Eine Herstellerliste für entsprechende Stoffe und Farben finden Sie im Anhang, Seite 156).

Reflektierende Materialien sind Metallfolien und -gewebe, Textilien mit eingewebten Metallfäden, oder metallisierten Fäden, Wärmedämmfenster, Wärmedämmfolien zur Anbringung an Fensterscheiben sowie Natursteine mit hohem Eisengehalt.

Auch Pflanzen können die elektromagnetische Strahlung neutralisieren. Hierzu zählen Yucca-Palmen, Kakteen und Adlerfarn.

Grundsätzlich sollte man Ladestationen für mobile Telefone im Schlaf- und Wohnbereich meiden. Die Strahlung dieser Stationen kann auch noch die darüber liegenden Etagen beeinflussen und bei empfindlichen Menschen Herzrasen, Kopfschmerzen und Kreislaufbeschwerden verursachen.

Wenn Sie trotz aller Maßnahmen, die Sie unternommen haben, immer noch an Schlafproblemen leiden, haben Sie die Möglichkeit, Ihre Wohnung auf geopathische und elektrostatische/elektromagnetische Störungen untersuchen zu lassen. Neben Störfeldern durch hochfrequente Strahlung von Antennen oder Elektrosmog können sich auch Wasseradern und Verwerfungen im Erdreich befinden, die Sie negativ beeinflussen. Adressen finden Sie im Anhang, Seite 156.

▲ Hochspannung verursacht ebenfalls Elektrosmog.

- Als Faustregel für die Härte der Matratze gilt: Sie sollten an Hüften, Schultern und Kopf leicht einsinken, das Rückgrat sollte gerade liegen.

Materialien der Matratze: Hier empfehlen sich Naturmaterialien. Sehr atmungsaktiv sind Matratzen aus Schafwolle oder Rosshaar mit Kokosfaserkern. Bei Schafswolle sollte man sich nach Spritzmitteln und Pestizidrückständen erkundigen. Für Allergiker eignen sich Latex-Matratzen besonders gut. Ein Matratzenwechsel steht spätestens alle 10 Jahre an.

Von Sprungfedermatratzen ist grundsätzlich abzuraten. Die Metallfedern der Matratze wirken wie Antennen und verstärken Störstrahlungen aus dem Raum.

Wasserbetten sind ebenfalls ungünstig. Wasser speichert energetische Information und gibt diese auch wieder ab. Nicht immer haben wir positive Phasen und gehen mit den besten Gedanken ins Bett! Zudem sind diese Betten nicht atmungsaktiv, Feuchtigkeit sammelt sich in Laken, Kissen und Decken. Grundsätzlich sollten Sie darauf achten, dass bei zwei Matratzen kein Graben zwischen den Partnern vorhanden ist (Symbolik der Trennung). Mit einer Ausfütterung ist hier schon viel getan.

Bettwäsche: Motiv und Material umhüllen direkt den Körper. Zudem nimmt die Bettwäsche eine große sichtbare Fläche im Raum ein. Deshalb mit Sorgfalt auswählen und die Chance wahrnehmen, sie als gestalterisches Element für den Raum einzusetzen, beispielsweise als Farbakzent oder mit Mustern zur Belebung.

Wissen

Die Matratze trägt Informationen

Bei einer neuen Partnerschaft sollte die Matratze, die die energetische Information der alten Beziehung in sich trägt, ausgetauscht werden. Bei Kurzbeziehungen reicht eine gründliche energetische Reinigung (siehe Seite 82 f.).

Weitere Möbel

Die Kante des Nachttischchens sollte sich nicht in Kopfhöhe des Schlafenden befinden. Dies erzeugt schwächende Energie (denken Sie an die Energieverwirbelungen – Seite 32) und schwächt die Regenerationskraft für die Nacht. Runde Nachttische sind am besten geeignet. Wegen der Gleichwertigkeit sollten beide Partner Nachttische haben (siehe die Zwei als Symbolik für Partnerschaft, Seite 97). Radiowecker haben auf dem Nachttisch nichts zu suchen.

Bevorzugter Ablageplatz für alle möglichen, meist wenig gebrauchten Dinge ist „auf dem Schrank". Abgestelltes auf dem Schrank drückt die Energie und beeinflusst die Qualität des Schlafes. Gerümpel und Durcheinander steht für ungelöste Probleme, die einfach auf den Schrank abgeschoben wurden. Jeden Morgen beim Aufwachen erhält Ihr Unterbewusstsein das Signal: „Um dieses Ding muss ich mich auch noch kümmern." Das belastet und raubt Vitalität. Im Schrank sieht es meist nicht besser aus, Schrankhüter von vor 15 Jahren tummeln sich neben Frustkäufen und Kleidung, die nicht mehr passt. Schaffen Sie Platz, lichten Sie die Reihen und verabschieden Sie sich von Stücken dieser Kategorie (siehe auch Seite 66).

Beleuchtung

Sowohl sinnliches, gedämpftes Licht als auch Leselicht und helles Raumlicht sind im Schlafzimmer erforderlich. Sorgen Sie mit kleinen Nachttischlämpchen, dimmbaren Stehlampen oder auch Einbau- und Wandleuchten für die unterschiedlichsten Stimmungen – und nutzen Sie diese auch!

Spiegel

Spiegel reflektieren die Schwingungen im Raum und bringen Unruhe. Das stört den Regenerationsprozess im Schlaf. Deshalb sollen sie möglichst im Schrank angebracht sein oder so, dass man sich vom Bett aus nicht sehen kann.

Farben

Zarte Farben geben dem Raum mehr Romantik. Kräftige Farben betonen eine Stimmung, eine Absicht. Möchte ich beispielsweise mehr Erotik im Liebesleben haben, könnte ein Rot- oder Bordeauxton die Stimmung aktivieren, denn Rot steht für Feuer. Gibt es Probleme mit dem Sicherheitsgefühl, der Erdung, unterstützt Sie ein Farbton aus dem Element Erde (Gelb, Orange, Brauntöne) – siehe auch Seite 48 f.

▼ Erotik und Sinnlichkeit stabilisieren eine Beziehung.

GUT ZU WISSEN

Rot – die Farbe der Erotik

Erotik wird allgemein mit der Farbe Rot in Verbindung gebracht, aber je nach Himmelsrichtung wirkt Rot anders (siehe Seite 129). Die folgenden Farbempfehlungen beruhen auf der Lage des Schlafzimmers in den Himmelsrichtungen und haben grundsätzliche Bedeutung (siehe auch Seite 50). Rottöne sollten als Akzent eingesetzt werden, beispielsweise eine Wand, die Vorhänge, die Kissen, die Bettwäsche, nicht als überwiegende Farbe im Raum.

Himmelsrichtung	Grundfarbe	Akzente	Erotikfarbe
Osten	gebrochenes Weiß mit einigen Tropfen bläulichem Rot	Blau und Grün	bläuliches Rot, Aubergine, Purpur, bläuliches Rosa, Flieder
Süden	Cremeweiß, gebrochenes Weiß mit einigen Tropfen Orange	Terrakotta, Gelb, Sand	Rot
Westen	Cremeweiß	Currygelb, Maisgelb, Grau, Lachs	Bordeauxrot, warmes Dunkelrot
Norden	Weiß	Schwarz, Blau	bläuliches Rot, Aubergine, bläuliches Rosa, Flieder

Materialien und Formen

Stoffe und offenporige Materialien (Tapeten, Holz) machen ein Schlafzimmer weicher und romantischer. Weichfließende Stoffe, Teppichboden oder Teppiche sind Yin. Sie verlangsamen den Energiefluss, ebenso runde Formen und abgerundete Ecken.

Bilder

Schön ist es, wenn man ein Bild an der Wand gegenüber dem Bett oder – wenn man auf der Seite schläft – an der entsprechenden Wand aufhängen kann. Dann kann man sich zum Einschlafen oder wenn man krank ist, in das Bild versenken und darüber meditieren. Das Bild sollte deshalb nach Motiv und

Farbigkeit so ausgewählt werden, dass es einen erfreut und entspannt. Das, was wir als Letztes in unserer Umgebung sehen, nehmen wir mit in den Schlaf.

Dekorationen

Das Schlafzimmer ist Ort der Ruhe, Entspannung, Liebe und Partnerschaft und sollte so wenig wie möglich Dinge enthalten, die das energetische Gleichgewicht des Raumes stören. Stellen oder hängen Sie nur das auf, was wirklich zu diesem Themenkreis passt. Mit der Auswahl der Objekte laden Sie eine ganz bestimmte Stimmung in den Raum ein.

Sehr beliebt sind im Feng Shui Delphine als Symbol für Partnerschaft und Zweisamkeit. Spüren Sie nach, ob Sie mit dieser Symbolik etwas anfangen können. Fotos der Familienmitglieder und Nippesfiguren sind hier eher fragwürdig – auch hier gilt: weniger ist mehr.

- Die Absicht und der Wunsch, den Sie in die Dinge hineingeben, wirkt mehr als der materielle Wert.

Fernseher

Ein TV-Gerät bringt elektrische Störenergie ins Zimmer. Daher sollte es so weit wie möglich vom Bett entfernt stehen. Zudem sollte man sich die Symbolik und Wirkungsweise eines

▲ Symbolik für Zweisamkeit: zwei gleiche Objekte, Bilder und Erinnerungsstücke, die mit diesem Thema verbunden sind.

Fernsehers, der die Außenwelt und fremde Unterhaltung in den intimsten Bereich eines Paares bringt, bewusst machen. Wenn in Ihrer Beziehung die Tendenz besteht, auf ein zärtliches Miteinander oder innige Gespräche zugunsten des abendlichen TV-Programms zu verzichten, sollten Sie besser einen anderen Standort wählen. Wenn Sie das Gerät im Schlafzimmer behalten wollen, sollte es auf keinen Fall einen dominierenden Platz einnehmen und am besten hinter einer Schranktür verschwinden.

Für eine liebevolle Zweisamkeit

Gemeinsame Entscheidungen und Unternehmungen fördern die Harmonie und das Verständnis in der Beziehung. Eine stimmungsvolle und erotische Umgebung in Ihrem Schlafzimmer einzurichten sollten Sie daher auch gemeinsam planen und umsetzen, da dies Ihr intimster und privatester Bereich in der Wohnung ist. Lassen Sie Ihrer Phantasie freien Lauf und haben Sie den Mut, sie auszudrücken.

Gestalten Sie mit sinnlichen Materialien, Farben, Düften, Lichtstimmungen und Musik Ihre Insel der Zweisamkeit. Nehmen Sie sich Zeit zum Kuscheln oder für eine erotische Massage und schenken Sie einander liebevolle Nähe. Da Duft eine große Rolle spielt, eignen sich für Massagen reine ätherische Öle.

Nach einem stressigen Tag und zum Abschalten wirkt eine entspannende Fußmassage oder eine Nacken- und Rückenmassage wahre Wunder. Folgen Sie beim Massieren einfach Ihrer Intuition, variieren Sie den Druck Ihrer Berührung, kreisen Sie abwechselnd mit Ihrem Handballen oder Ihren Fingerspitzen, streichen Sie mit Ihrer flachen Hand mal sanft, mal fest und stellen Sie sich vor, wie Sie selbst gerne berührt werden würden.

Berührungen fördern eine innige und zarte Verbindung und helfen uns, Empfindungen besser wahrzunehmen. Durch die Massagen werden verschiedenste Akupressurpunkte stimuliert, die zu Entspannung und zu Erregung führen.

Für andere Familienmitglieder sollte Ihr Schlafzimmer tabu sein, ebenso für Streitgespräche und das Diskutieren von Alltagsproblemen, denn jedes Gespräch, jedes Ereignis hinterlässt seine energetischen Spuren in einem Raum.

◀ Schenken Sie sich liebevolle Nähe.

Das Arbeitszimmer – Kreativität und neue Ideen

Die wichtigste Regel für den Arbeitsplatz: Der Rücken sollte geschützt sein, der Sitzplatz benötigt also eine Wand oder ein stabiles Regal im Hintergrund. Nur so haben wir ein sicheres Gefühl und können effektiv arbeiten. Aus archaischen Zeiten stammt die Unsicherheit, dass uns sonst „jemand in den Rücken fällt", und jemand „hinter unserem Rücken redet". (Siehe auch „Positon der Stärke", Seite 59 f.).

In den meisten Räumen kann man den Schreibtisch so verstellen, dass die genannte Grundregel eingehalten werden kann. Vielleicht muss man dazu einige Möbelstücke umstellen oder entfernen. Wenn Sie der Meinung sind, das dann gar nichts mehr funktioniert, hilft nur Ausprobieren. Meistens lohnt es sich. Sie werden feststellen, dass sich noch einiges ausmisten, wegwerfen oder archivieren lässt. Ordentlich untergebracht in beschrifteten Kartons und Ordnern – und schon tun sich ungeahnte Räume auf.

Der Arbeitsplatz

Stärkende Büros zeichnen sich durch eine harmonische, freundliche Atmosphäre mit einem harmonischen Chi-Fluss aus. Gerade Formen und Linien (Yang) sollten durch geschwungene Yin-Elemente ergänzt werden. Mit Blumen, Pflanzen und Dekorationselementen mit positiver Symbolik stärken Sie die Motivation. Durch Farbakzente (Wand, Bild, Vorhang) frischen Sie die Energie auf und können sich selbst gezielt stärken, indem Sie die Farben oder das Motiv wählen, das Ihrem Element entspricht.

- Ob zu Hause oder im Büro: Ein aufbauender Arbeitsplatz ist ein wirksamer Schutz gegen Mobbing und psychosoziale Stressfaktoren.

Sitzplatz: Mit dem richtigen Sitzplatz ändert sich die Perspektive, die Sichtweise und der energetische Fluss im Raum. Stellen Sie den Schreibtisch am

Wissen

Das stärkt den Rücken

- Kraftbilder, also Motive und Farben, die Sie stärken, die Sie mit Erfolg und gutem Gelingen verbinden.
- Die Wand in der Farbe des persönlichen Elementes streichen.
- Pflanzen, aber keine spitzblättrigen oder stacheligen.
- Paravent oder Raumteiler, falls Sie den Schreibtisch im Wohnbereich oder in einem größeren Büro haben. Es sollte niemand hinter Ihrem ungeschützten Rücken vorbeigehen können.

Kraftort des Raumes auf, also mit einem guten Rückenschutz und Blick über den Raum zur Tür. Ist der Schreibtisch richtig positioniert, hat man den Überblick über den Raum mit Blick zur Tür. Das gibt Sicherheit und dadurch Selbstvertrauen. Man hat den Raum unter Kontrolle.

Ein Fenster im Rücken festigen Sie am besten, indem Sie Pflanzen oder Kunstobjekte davor stellen. Bei großen Fensterflächen können Sie auch ein Bild in Ihrem Rückenbereich auf die Fensterbank stellen. Ohne „Befestigung“ verliert man sonst unbewusst ständig Energie, um den Rückenschutz aufrechtzuerhalten.

An den Kanten offener Regale im Rücken bilden sich Energiepfeile. Deshalb sollten Sie die Bücher in Ihrem Rücken regelmäßig und geordnet bis an die Vorderkante stellen, damit ein ruhiges Bild entsteht. Lassen Sie einen möglichst großen Abstand zwischen dem Regal und Ihrem Sitz. Die bessere Variante sind geschlossene Möbelelemente.

Schreibtischstuhl: Der ergonomisch einwandfreie Schreibtischstuhl vermittelt den Eindruck von Stabilität. Ein geschlossener Rücken gibt „Rückhalt“. Ihr persönliches Element können Sie mit der Bezugfarbe stärken.

Schreibtischplatte

- Glasplatte: Vermittelt unbewusst Unsicherheit, kann keine Energie halten, die Projekte haben keine solide Grundlage.
- Holzplatte: Je nach Farbe entspricht sie einem Element und dessen energetischer Qualität. Beige, Hell- bis Dunkelbraun entsprechen dem Element Erde. Weiß und Grau repräsentieren das Element Metall.
- Stabile Tischbeine erden die Arbeit.

Grundsätzlich sollten alle Ecken und Kanten von Tischen und Möbeln abgerundet sein (Energiepfeile). Tische mit Kanten werden wenn möglich so gestellt, dass sie auf keine arbeitenden oder eintretenden Personen zielen.

Umgebung: Sorgen Sie um den Schreibtisch für genügend Ablagemöglichkeiten. Papierstapel, die in den Himmel wachsen, vermitteln den Eindruck von „Bergen von Arbeit“. Horizontale Ablageflächen bieten Ihnen mehr Überblick und das Gefühl, dass Sie die Arbeit auch bewältigen können.

Gestalten Sie den Ausblick vom Schreibtisch aus positiv. Dieser Ausblick ist für Sie die die Perspektive, die Zukunft, Ihr Kraftort und sollte zur Ihrer Motivation und Entspannung dienen. Gesunde Pflanzen oder Fotos, Bilder und Objekte mit aufbauender Symbolik programmieren das Unterbewusstsein positiv.

In großen Büros sollte jeder Mitarbeiter seinen aufbauenden Blickfang einrichten. Auch im Büro oder am Arbeitsplatz zu Hause ist es wichtig, alle vorhandenen Dekorationselemente hinsichtlich ihrer Aussagekraft und Symbolik zu untersuchen! Ein weinender Clown oder ein in der Hängematte liegender Urlauber hat nichts am Arbeitsplatz zu suchen.

Ist Ihr Schreibtisch mit Büchern und Akten voll gestellt, um sich vom gegenüberliegenden oder benachbarten Arbeitsplatz abzugrenzen? Solche Aufbauten blockieren die Energie und engen den Blick ein. Zudem vermitteln Sie den Eindruck von „Bergen von Arbeit". Wenn solche Schutzwälle zum Gegenüber vorhanden sind könnten Sie versuchen, die beiden Schreibtische leicht schräg zu stellen, sodass sie beim Hochschauen aneinander vorbeisehen und sich nicht mehr frontal gegenübersitzen.

- Frontale Sitzpositionen haben immer den Charakter von Auseinandersetzung.

Wenn Abtrennungen nötig sind, gestalten Sie diese so, dass es eine gewisse Intimsphäre gibt, der visuelle Kontakt und der Ausblick aber bestehen bleiben. Frische Blumen und gesunde Pflanzen zwischen den Arbeitsplätzen erhöhen die Energie.

In vielen Büros ist die Yang-Energie hervorgehoben. Das Gefühl von „zu schnell, zu hektisch, zu aggressiv" kann einen erschlagen und in plötzlicher Müdigkeit münden. Gleichen Sie mit Yin-Akzenten aus. Dies hilft, über den Dingen zu stehen, und unterstützt Ihre Souveränität und Selbstsicherheit. Untersuchen Sie Ihren Arbeitsplatz auf Yin- und Yang-Qualitäten. Die Tabelle rechts listet noch einmal die Merkmale auf.

- Wenn Sie von der klärenden Wirkung einer energetischen Reinigung (Seite 82 f.) überzeugt sind, werden Sie gerne eine Stunde nach der üblichen Bürozeit investieren, um Ihr Büro (ohne das Beisein von Kollegen) zu reinigen.

Besprechungstische: Die Form des Tisches beeinflusst unser Verhalten.

- Runde und ovale Tische fördern die Kommunikation und unterstützen gelassene, ruhige Diskussionen. Sie wirken positiv auf die freundliche Zusammenarbeit.
- Eckige Tische wirken mehr strukturierend. Sie fördern Geschäftsabschlüsse, zielstrebiges und strukturiertes Handeln sowie rasches Prüfen.

Beleuchtung

Beachten Sie die Ausgewogenheit von Yin und Yang und sorgen Sie für helle und dunklere Zonen. Leuchten Sie die

Yin- und Yang-Überschuss am Arbeitsplatz und ihre Abhilfe

Überschuss an Yin	Überschuss an Yang
Man ist meistens müde, antriebslos, das Arbeiten fällt schwer: ▪ dunkle Umgebung ▪ schwere oder dunkle Möbel ▪ wenig Luft ▪ dunkle Farben ▪ schlechte Beleuchtung ▪ Teppichboden und schwere Vorhänge	Wirkt ermüdend, macht aggressiv: ▪ große, helle Glasflächen ▪ ausschließlich gerade Linien und Formen ▪ zu helle Beleuchtung ▪ helle, eintönige Farben ▪ keine oder in den Farben zu starke Dekorationen und Bilder
Abhilfe ▪ Wände hell streichen ▪ leichte Möbel aufstellen ▪ gut lüften ▪ für helle, nach oben strahlende Beleuchtung sorgen	**Abhilfe** ▪ Vorhänge, Stoffrollos ▪ Dekorationen mit weichen, fließenden Formen ▪ Pflanzen ▪ sanfte Farben

Arbeitsfläche gleichmäßig hell aus, die Randzonen können etwas dunkler sein. Zum vorgeschriebenen Raumlicht von 500 Lux (das gilt für Büros) passen sehr gut Tisch-Arbeitsleuchten, die einen Lichtkegel auf den Schreibtisch lenken. Bringen Sie keine Deckenspots direkt über den Sitzen an, diese können müde machen und Kopfschmerzen verursachen. Deckenspots genau über Flip-Charts und Projektionsflächen beeinträchtigen die Sichtbarkeit der Präsentation.

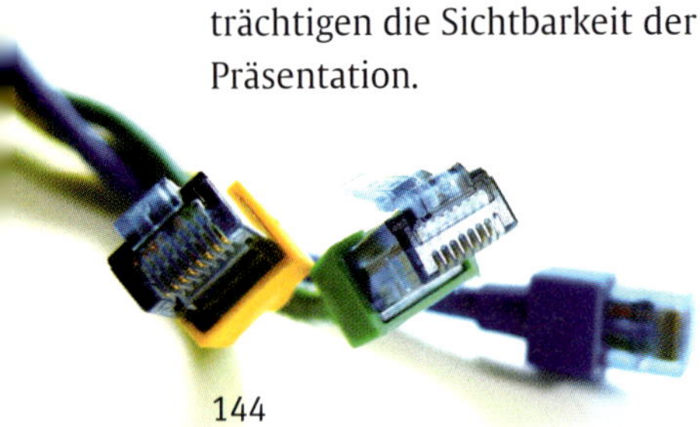

Geräte, Kabel und Elektrosmog

Ein wichtiges Thema am Arbeitsplatz sind die vielen Kabel und der Einsatz von elektrischen Geräten. Meist herrscht hinter und unter dem Schreibtisch ein Chaos an Kabeln, das wirkt wie „bloß liegende Nerven". Schon das einfache Ordnen und Bündeln in Kabelkanälen kann als erste Hilfe eingesetzt werden und macht viel aus.

Die heutigen PCs haben kaum mehr belastende Strahlung und sind unbedenklich. Ihr Mobiltelefon oder die Basisstation Ihres tragbaren Telefons strahlen auf jeden Fall mehr.

Die wichtigsten Empfehlungen:

- Kabel und Versorgungsleitungen bündeln und in abgeschirmte Kabelkanäle legen.
- Halogenlampen mit zu starkem Magnetfeld austauschen (kann man durch einen guten Feng-Shui-Berater oder einen Radiästheten messen lassen); bei Lampen mit zugelassenen Werten auf genügend Sitzabstand achten.
- Computer sollten die Schwedische TCO-99-Norm haben. (Gegebenenfalls im Fachhandel fragen).
- Räume mit viel Elektrosmog haben wenig Chi (Müdigkeit, Konzentrationsmangel) – mit Pflanzen, frischen Blumen, Wasserobjekten und Frischluft auffrischen.
- Geräte wie Kopierer, die von mehreren Personen benutzt werden, an einen von den Arbeitsplätzen entfernten Platz stellen (Geräuschbelästigung raubt Konzentration, außerdem besteht dann für den Schreibtischmenschen die Möglichkeit zur Bewegung).

Auch durch den Einsatz der Fünf Elemente können Sie Ihre Arbeit effektiver gestalten. Jedes Element unterstützt energetisch bestimmte geistige Tätigkeiten – siehe Tabelle.

Arbeiten unterstützen mit den Fünf Elementen

Element	Gestaltungsmittel	Unterstützt
Holz	Pflanzen, Grün und Hellblau, schlanke hohe Möbel, Säulen	Kreativität, schöpferische Tätigkeiten
Feuer	Lila und Rot, spitze, zackige und dreieckige Formen	Marketingthemen, Werbung, Öffentlichkeitsarbeit
Erde	Beige, Braun, Gelb, braunes Parkett, quadratische und rechteckige Formen	Diplomatie, Vernunft, Strategie, realitätsbezogene Themen
Metall	Weiß, Grau, Metallgegenstände, runde und gewölbte Formen	Finanzen, Controlling
Wasser	Schwarz und dunkle Blautöne, wellige, fließende Formen	intuitives Erfassen von Sachverhalten, intellektuelle Themen

Das Kinderzimmer – Spiel und Entfaltung

Als Multifunktionsraum sollte das Kinderzimmer der größte der Schlafräume sein, denn dort soll das Kind schlafen, spielen, sich mit Freunden aufhalten und lernen. Spätestens wenn die Kinder im Kindergarten sind und Freunde zum Spielen mitbringen, benötigen sowohl die Kinder als auch wir unseren Entfaltungsraum. Ungestörte Spiele finden dann nicht mehr – wie im Kleinkindalter – im Wohn- oder Esszimmer statt. Die Kinder möchten ihren Rückzugspunkt, und wir möchten kein unsägliches Durcheinander in der Wohnung. Unsere Aufgabe ist es, das Kinderzimmer so zu gestalten, dass es sowohl als Rückzugsort als auch als Spielzimmer gut funktioniert.

▼ Kinderzimmer für das Element Erde.

Die besten Himmelsrichtungen für das Kinderzimmer sind Ost, Südost und West. Im Westen herrscht eine ausgeglichene, friedvolle Energie, die sich gut für sehr aktive oder ängstliche Kinder eignet. Gelb und zarte Rot- und Pinktöne unterstützen die Metallenergie des Westens. Akzente in kräftigem Rot oder Pink beleben. Da bereits die Spielsachen viel Farbigkeit ins Zimmer bringen, sollte Farbe im Kinderzimmer jedoch sparsam eingesetzt werden.

In östlich gelegenen Zimmern sorgt als Grundfarbe ein zartes Hellgrün und helles Gelb für eine leichte Atmosphäre. Akzente in Blau und – für manches Mädchen *der* Traum – Pink und Rosa frischen auf.

- Gerade bei Kindern kann man die Entwicklung mit Farben aus dem eigenen Element unterstützen.

Ein Bett zum Kuscheln

Mit wenig Aufwand kann man einen Himmel über dem Bett anbringen, der zum einen für Schutz sorgt und – falls Sie mit Elektrosmog oder hochfrequenter Strahlung Probleme haben –

Abschirmung bietet. Herstelleradressen von geeigneten Stoffen siehe Seite 156.

Gegen nächtliches Fürchten hilft, wenn das Kind vom Bett aus auf die Zimmertür sehen kann und damit immer gleich weiß, wer das Zimmer betritt – das vermittelt Sicherheit und Kontrolle.

Oftmals ist der Platz im Kinderzimmer so gering, dass Stockbetten eingesetzt werden, obwohl sie für Kinder nicht unbedingt zu empfehlen sind. Auf der unteren Etage und meist auch auf der oberen kann sich das Kind nicht gerade aufsetzen. Von der Symbolik her vermittelt ein Stockbett das Bild des fehlenden Weitblicks im Leben. Das kann auch eine Weiterentwicklung hemmen. Zudem hat das unten liegende Kind immer ein Geschwister über sich, das dominiert. Das oben liegende Kind bekommt nicht genügend Frischluft, da sich die Wärme unter der Decke sammelt. Zudem ist in diesem Bereich vermehrt Störstrahlung zu messen. Besser ist es daher, die Etagenbetten abzubauen und ebenerdig zu stellen.

Falls dazu keine Möglichkeit besteht, können Sie dem Bereich über dem jeweiligen Liegeplatz den Eindruck von Weite vermitteln, indem Sie dort Leuchtsterne und einen Mond ankleben und, wenn Sie möchten, Wolken aufmalen. Falls man den Lattenrost sieht, befestigen Sie eine glatte Spanplatte an der Unterseite des oberen Betts, streichen sie zartblau und kleben die Sterne auf. Sie können auch mit einer kleinen Lichterkette im Bereich des Fußendes ein funkelndes Universum zaubern.

Liegt Ihr Kind jeden Morgen kreuz und quer im Bett, will es nicht gerne in sein Bett oder klagt es über Angst und Träume, dann sollten Sie den Schlafplatz wechseln und untersuchen lassen. Vielleicht gibt es in diesem Bereich Störfelder geopathischer Art oder Elektrosmog. Kinder reagieren auf diese Art von Störungen meist sehr sensibel. Stellen Sie das Bett für 14 Tagen probeweise an eine andere Stelle und beobachten Sie, ob sich etwas ändert.

Achten Sie auch auf das Dekor der Bettwäsche. Kämpfende Krieger, düstere Farben, Science-fiction-Helden und dergleichen sind Symbole, die weder Geborgenheit noch Ruhe vermitteln. Wenn sich das Kind geborgen fühlt, erlebt es die üblichen Kindheitsängste als weniger bedrohlich.

Der Schreibtisch

Auch im Kinderzimmer gilt: Der Lernplatz muss sich in der Position der Stärke befinden (siehe Seite 59 f.), also Überblick über den Raum bieten und eine Wand im Rücken. Prüfen Sie, was Ihr

WAHRNEHMUNGSÜBUNG

Mit den Augen Ihres Kindes sehen

Schauen Sie sich das Kinderzimmer und dessen Umgebung einmal mit den Augen und aus der Perspektive des Kindes an. Sie werden sehen, dass Dinge, die uns Erwachsenen überhaupt nicht auffallen oder für uns selbstverständlich und erklärbar sind, aus Kinderperspektive eine ganz andere Dimension gewinnen. In meinem Kinderzimmer befand sich in einer Ecke ein Waschbecken mit Boiler. Wenn der Boiler nachts das Wasser aufheizte, ging ein rotes Licht an, das mich immer in Angst und Schrecken versetzte, auch wenn ich wusste, dass es vom Boiler kam. Es könnte ja sein, dass der Boiler doch einmal zum Drachen wird! In Kinderwelten ist die Phantasie ein Teil der Realität.

Versuchen Sie, das Zimmer mit den Augen und Ohren Ihres Kindes wahrzunehmen. Wie ist in dem Zimmer wenn es dunkel ist? Hört man Geräusche, wenn ja, welche? Kennt Ihr Kind dieses Geräusch? Macht es ihm Angst? Erklären Sie Ihrem Kind, um was es sich handelt, und erfinden Sie eine positive Geschichte drumherum, die Sie ihm erzählen.

Sieht man Lichtreflexe von draußen, vom Flur oder sonst wo her? Auch Zweige, die an die Decke bewegte Schatten werfen, oder tanzende Lichtpunkte, die durch die Jalousien hüpfen und ein Möbelstück seltsam erscheinen lassen, gehören zu den Dingen, die Angst machen können. Spüren Sie nach, was Ihr Kind dabei empfindet. Wenn Sie den Ursprung wissen, können Sie auch schnell abhelfen, beispielsweise durch Rollos oder Vorhänge gegen Störungen von außen. Den Boiler in meinem Zimmer hätte man übrigens einfach abschalten müssen.

Kind sieht, wenn es aufblickt. Hier könnte ein Bild hängen, das Ruhe vermittelt. Wenn hier Regale oder Schränkchen stehen, sollten diese aufgeräumt sein und ein ruhiges Gesamtbild ergeben. Chaos schränkt die Konzentration ein.

Wenn wenig Platz vorhanden ist

Wenn sich mehrere Geschwister das Zimmer teilen, ist es wichtig, dass jedes seinen privaten Bereich hat. Vielleicht ist genügend Platz da, um mit rollbaren Stoffparavents den Raum bei Bedarf zu gliedern. Wenn das nicht geht, hilft auch ein eigenes Regal oder Schränkchen, indem jeder seine privaten Sachen unterbringen kann. Wichtig hierbei ist, dass niemand anderes etwas hineinstellen, anfassen oder herausnehmen darf. So lernen das Kind und seine Geschwister, Grenzen zu respektieren. Lernt ein Kind nicht, das Eigentum der anderen und fremde Bereiche zu respektieren, kann es später sehr besitzergreifend werden oder die Haltung entwickeln, es stünde ihm alles zu – ein Verhalten, das im Zusammenleben mit anderen Menschen nicht gerade förderlich ist.

Die Küche – Genuss und Gesundheitsvorsorge

So wie man sich fühlt, so kocht man. In welchem Gemütszustand Sie sich beim Zubereiten der Mahlzeiten auch immer befinden, diese energetische Schwingung geht direkt in die Mahlzeit über. Wenn ich in Eile bin oder neben dem Kochen telefoniere, die Spülmaschine ausräume und diverse andere Dinge tue, merkt man das hinterher: Die Nudeln sind etwas zu weich und der Soße fehlt der Pfiff, obwohl ich diese Soße schon hundertmal in leckeren Varianten gekocht habe.

- Die Qualität des Essens verringert sich, wenn dem Kochen nicht die volle Aufmerksamkeit gewidmet wird.

Eine heitere und harmonische Stimmung in der Küche und am Essplatz, sowohl durch die Einrichtung als auch durch die Einstellung des Kochs, erhöht die Qualität des zubereiteten Essens und spendet dadurch den Familienmitgliedern mehr Lebenskraft und aufbauende Energie.

Der Herd

Die Platzierung des Herds in der Küche ist sehr wichtig. Wenn Sie während des Kochens mit dem Rücken zum Raum stehen, ist es schwierig, an den Vorgängen im Raum hinter Ihnen teilzunehmen, da Sie visuell und energetisch

Wissen

So fließt der Stress weg

Nichts nimmt negative Gefühle oder Stress mehr auf als das Essen. Wenn Sie sich während des Kochen gestresst, durcheinander oder unkonzentriert fühlen, dann nehmen Sie sich einige Minuten Zeit und halten Ihre Hände bis zu den Oberarmen unter lauwarmes Wasser. Lassen Sie den unausgeglichenen Gemütszustand aus sich heraus fließen. Stellen Sie sich vor, wie Sie ihn wegwaschen. Sie fühlen sich dann entspannter und ausgeglichener, der gesamte Kochvorgang klappt besser und das anschließende Essen gewinnt an Qualität.

abgeschnitten sind. Das ist wie in der Ecke zu stehen, wenn man etwas angestellt hat. Dabei wird der „Störer“ energetisch isoliert, er hört zwar, sieht aber nichts – und vermittelt ein Gefühl der Unsicherheit unsicher. Dies sollte man beim Kochen verhindern.

Die kulturellen Ursprünge des nährenden Herdfeuers gehen auf eine Feuerstelle in der Mitte zurück, um die der Kochende und die restlichen Personen versammelt waren. Im Lauf der Zeit rückte die Feuerstelle an die Wand. Vielleicht besteht ja die Möglichkeit, in

Ihrer Küche eine Kochinsel oder eine L-förmige Theke zu installierten, um den Herd so zu platzieren, dass Sie Übersicht über den Raum haben? Wenn dies nicht möglich ist, verschaffen Sie sich Überblick und damit Sicherheit, indem Sie einen Spiegel oder eine reflektierende Metall- oder Glasscheibe an der Wand anbringen, an der der Herd steht. Auch spiegelnde Objekte, Behälter oder Kannen können etwas Überblick verschaffen.

- Da der Herd Ihre körperliche Gesundheit und Ihr Wohlergehen repräsentiert, sollten Sie ihn stets sauber halten.

Manchmal steht der Herd neben dem Kühlschrank oder dem Spülbecken. Im Feng Shui geht man hier von gegensätzlichen energetischen Richtungen aus, der aufstrebenden Feuerenergie und der fließenden Wasserenergie, die miteinander in Konflikt geraten – denken Sie an den Kreislauf der Elemente und die gegenseitigen Beeinflussungen (siehe Seite 36). Um die Wasser- und Feuerelemente auszugleichen, addieren Sie das Element Holz dazu. Dies könnte in Form eines hölzernen Schneidebretts, Kochutensilien aus Holz in einem Behälter oder einer schmal und hoch wachsenden Pflanze geschehen. Mit einem trennenden Holzunterschrank haben Sie den Konflikt ebenfalls gelöst.

Arbeitsflächen

Egal, aus welchem Material die Arbeits- und Schrankflächen Ihrer Küche bestehen – sie sollten an den Kanten abgerundet sein. Es bremst den Chi-Fluss, wenn alle möglichen Gegenstände und Maschinen auf den Arbeitsflächen stehen. Außerdem kann dadurch die Küche schlechter sauber gehalten werden, denn in voll gestellten Ecken und unter nicht täglich gebrauchten und schwer zu verrückenden Maschinen sammelt sich klebriger Staub an.

Reinigen Sie offene Regale, Arbeitsflächen und das Innere der Schränke regelmäßig. Inspizieren Sie auch hin und wieder die Deckenlampe. Hier sammeln sich schon nach wenigen Wochen Fett- und Staubrückstände.

Licht und Luft

Lassen Sie möglichst viel frische Luft und natürliches Licht in Ihre Küche. Das hält die Küche trocken und frisch. Da es um die Zubereitung von Speisen geht, sollten Sie für sehr gute Grundbeleuchtung mit Tageslichtcharakter sorgen. Mit Spots und zusätzlicher Beleuchtung der Arbeitsflächen und des Herds schaffen Sie eine positive Arbeitsatmosphäre.

Günstige Himmelsrichtungen und Farben für die Küche

Günstige Himmelsrichtungen für die Küche sind der Osten und Südosten. Hier herrscht die Energie des Wachstums, des Aufbaus und der Entwicklung. Cremeweiß als Grundton und helle Grün- und Blautöne sowie dunkle Grün- und Blautöne als Akzente bewahren die positive Energie dieser Himmelsrichtungen. Unterstützen Sie die Lichtfrequenz dieser Himmelsrichtung und wählen Sie Möbel und Arbeitsplatten in hellen Tönen. Große dunkle Flächen schlucken zu viel Licht und Energie.

- Gelbtöne sind in einer Küche immer richtig, denn sie haben Bezug zu den Verdauungsorganen und dem Element Erde.

Liegt Ihre Küche Richtung Süden, lässt sich das Übermaß an Feuerenergie durch Farben und Objekte aus den Elementen Erde (Gelb, Orange, Braun, Cremeweiß) und Metall (Weiß, Silber und Grau) dämpfen. Akzente des Elements Wasser, beispielsweise dunkelblaue und schwarze Gegenstände oder Handtücher, bringen ebenfalls Ruhe. Bei Südlage können auch die Arbeitsplatten dunkler sein.

Im Westen und Nordwesten wirken Farben und Objekte aus dem Element Erde und Metall vermittelnd. Das Licht dieser beiden Himmelsrichtungen bringt Silber, gebürstetes Edelstahl, Weiß und kühle Gelbtöne zum Strahlen.

Norden ist die ungünstigste Himmelsrichtungen für eine Küche, denn hier ist die Energie zu ruhig und fördert nicht Vitalität und Gesundheit. Das gleichmäßige Nordlicht spornt nicht zu großen Kochaktionen an, die Küche wird eher verwaist sein, und die Bewohner essen gerne auswärts. Sie können in diesem Fall mit kräftigen Rotakzenten (bläuliches Rot) und Farben und Objekten des Metalls, also Silber, Metall und Weiß, die Energie auffrischen. Die vorherrschende Yin-Energie einer Küche in Nordrichtung können Sie mit Eigenschaften aus dem Yang-Bereich ausgleichen, beispielsweise mit glatten Oberflächen oder spiegelnden Materialien – alles, was die Energie beschleunigt.

▼ Glatte, glänzende Arbeitsoberflächen sind bei Küchen in Nordrichtung ideal.

Das Bad – Loslassen und Erneuerung

In einem Badezimmer richten wir uns jeden Morgen für den neuen Tag her. Hier scheiden wir auch alles aus, was unser Körper nicht mehr braucht. Die Badeinrichtung und -gestaltung sollte diese beiden Funktionen unterstützen.

Nach einem stressigen Tag oder anstrengenden Gesprächen oder wenn man sich körperlich angestrengt fühlt, hilft meist eine warme Dusche oder ein warmes Bad, um sich wieder wohler zu fühlen. Wasser wirkt wie ein Magnet, der negative Energie aus dem Körper zieht, was uns erfrischt und beruhigt. In einer harmonischen Atmosphäre funktioniert das noch besser. Aus diesem Grund sollten Bäder nicht nur funktional eingerichtet und gut zu reinigen sein, sondern auch die Sinne ansprechen.

Überlegen Sie sich einmal die Symbolik und Auswirkung von Unordnung im Bad: leere Fläschchen und Tiegel, die überall herumstehen, schlechte Beleuchtung, Gerümpel und Berge von Schmutzwäsche – wo bleibt da die Hygiene und damit die Achtung vor mir selbst? So, wie ich den Ort der körperlichen Sauberkeit und Pflege gestalte, so viel Wertschätzung gebe ich meinem Körper. Ein schmuddeliges Bad ist wie Dreckränder unter lackierten Fingernägeln. Mit differenzierter Beleuchtung, also hellem Flächenlicht und warmem Schminklicht am Spiegel, sowie Schränkchen oder Regalen mit genügend Platz für die Badutensilien ist schon viel getan.

Gestalten Sie Ihr Bad nach Möglichkeit hell und Yang-betont, um Feuchtigkeit und Chi-Stagnation zu vermeiden:

- Öffnen Sie oft das Fenster, denn Sonnenlicht und gute Belüftung bringen eine frische und gesunde Atmosphäre.
- Yang-Elemente sind glatte, reflektierende Oberflächen wie Stein, glasierte Keramikfliesen, Chrom und Glas oder ein Wandanstrich mit wasserabweisender Farbe.
- Spiegel vergrößern den Raum und beschleunigen ebenfalls den Energiefluss.
- Pflanzen helfen, Feuchtigkeit zu absorbieren, und bringen Frische in den Raum.
- Mit Stoff- oder Holzrollos und Bodenmatten aus Naturfasern können Sie den Raum behaglich gestalten. Bodenbeläge und Duschvorhänge aus Synthetik wirken sich negativ auf den Energiefluss aus, da sie sich elektrostatisch aufladen.
- Farbige Handtücher und Fußmatten setzen Akzente.

Im Feng Shui gilt die Toilette als Bereich, an dem „unreine Energien“ abgeleitet werden. Eine Lage im Zentrum der Wohnung (Bagua-Zone „Gesundheit“, siehe Seite 103) wird daher als ungünstig angesehen, da dies im übertragenen Sinne für gesundheitliche Probleme steht. Grundsätzlich gilt es, die Tür nicht offen zu lassen und für absolute Sauberkeit zu sorgen. Halten Sie auch den Toilettendeckel geschlossen. Schön ist es, wenn die Toilette nicht das Erste ist, was man beim Betreten des Bades sieht – eine halbhohe Wand oder ein Paravent können hier helfen.

- Undichte Rohre und topfende Wasserhähne „tragen den Reichtum fort“ und sollten sofort repariert werden.

Steht die Waschmaschine im Bad, kann man auch diesen Bereich samt dem Schmutzwäschebehälter schön gestalten. Körbe und Metallgestelle, die mit einem waschbaren Stoffsack ausgekleidet sind und einen Deckel haben, sind eine einfache Lösung.

Ganz wichtig ist auch der Duft des Bades. Feuchter, stockiger oder abgestandener Geruch lassen auf stagnierende Energie schließen – hier kann sich kein körperliches Wohlbefinden einstellen. Bei innen liegenden Bädern gibt es häufig dieses Problem, weil keine gute Lüftung vorhanden ist. Sorgen Sie dann für viel Yang-Energie mit glatten, glänzenden Oberflächen und hellem Licht. Frische Orangenrinden oder natürliche ätherische Öle, in ein Duftschälchen oder in den Wasserspülkasten getropft, beleben die Atmosphäre. Auch ein kleiner Ventilator, den man bei halb geöffneter Tür zeitweise laufen lässt, frischt die Luft auf. Addieren Sie noch kräftige Farbakzente und einen großen Spiegel dazu – schon erkennen Sie Ihr ehemals muffiges Bad kaum wieder.

Wissen

Bäder in der Antike

In der Antike waren private und öffentliche Bäder Orte des Wohlergehens und der Kommunikation. Nach dem Motto „Ein gesunder Geist wohnt in einem gesunden Körper“ wurde auf körperliche Hygiene und Schönheit geachtet. Daher legte man sowohl in der Architektur als auch in der Ausgestaltung der Räume größten Wert auf die Verwendung edler Materialien und schöner Farben. Es gab ausgeklügelte Wasserleit- und Dampfsysteme, um unterschiedliche Bädertypen wie Dampfbad, Lapidarium oder Herbarium anzubieten. Das Bewusstsein, wie sich die räumliche Gestaltung, unterschiedliche Boden- und Wandbeläge oder die Lichtführung auf das menschliche Wohlergehen auswirken, war hoch entwickelt und wurde zur Unterstützung des Menschen eingesetzt.

Ungenutzte Räume wieder nutzbar machen

Ungenutzte Räume enden schnell als Rumpelkammer. Hier findet sich dann alles, was man sonst nirgends unterbringen konnte. Meistens steht noch in einer Ecke ein Gästebett für alle Fälle oder ein Schreibtisch, falls man mal zu Hause arbeiten will, oder ein Trimmfahrrad, weil man mehr Sport treiben wollte. Vielleicht übernachtet wirklich einmal ein später Gast notgedrungen, aber alle anderen Tätigkeiten wird man in solch einer Gerümpelkammer eher nicht ausführen.

- Definieren Sie den Raum und weisen Sie ihm einen hauptsächlichen Zweck zu. Diese Funktion muss in dem Raum ganz klar erkennbar sein.

Verstauen Sie zunächst alles, was Sie nicht benutzen oder hier zwischenlagern, ordentlich in Regalen und Schränken. Legen Sie über das Gästebett – falls vorhanden – eine Tagesdecke.

◀ Lampen schaffen Arbeitsinseln.

Zum Beispiel Fitness: Definieren Sie einen Bereich, auch wenn er noch so klein ist, den Sie „fitnessmäßig gestalten". Stellen Sie Ihr Trimmfahrrad oder das Laufband so auf, dass Sie es immer gut erreichen können. Schaffen Sie einen Ausblick, der Sie zum Benutzen des Gerätes motiviert. Das kann der Blick aus dem Fenster oder auf ein Poster sein. Sie können dazu noch einen Spiegel aufhängen und auf dem Bett Ihre Sport-Handtücher ordnen.

Zum Beispiel Arbeitsecke: Definieren Sie einen Bereich „Arbeiten" und stellen Sie hier den Schreibtisch auf. Trennen Sie den Tisch vom restlichen Raum durch ein Regal, in das Sie die Ordner und Dinge räumen, die Sie zum Arbeiten benötigen. Schaffen Sie eine kleine Arbeitsinsel mit Schreibtischlampe und – wenn der Schreibtisch mit Blick zur Wand steht – einem Bild, das Sie motiviert und Ihnen gut gefällt. Schaffen Sie einen Platz, an dem Sie gerne arbeiten. Wenn das Fitnessgerät nicht benutzt wird, muss es in eine Ecke geschoben und zugedeckt werden.

Die Definition der Bereiche kann über die Bodengestaltung verstärkt werden: Legen Sie einen Teppich in den Arbeitsbereich oder eine Bodenmatte unter das Sportgerät.

Störzonen in der Natur erkennen

Schauen Sie sich Ihre Umgebung an, beispielsweise Ihren Garten, und erkennen Sie an der Natur, welche Energien hier vorherrschen. Bestimmte Pflanzen wachsen von Natur aus bevorzugt an Störzonen. Mit diesem Wissen können Sie im Garten mit Hilfe von Pflanzen negative Einflüsse, beispielsweise Wasseradern oder geopathische Störzonen, erkennen und neutralisieren. Diese Zonen können das Wohlbefinden massiv beeinträchtigen und beispielsweise zu Schlafstörungen und Unruhe führen. Besonders Kinder reagieren sehr sensibel auf diese Zonen, liegen morgens kreuz und quer im Bett oder wachen nachts wegen schlechter Träume auf.

Folgende Baumanomalien weisen auf Störzonen hin:

- Zwieselung: Baum steht auf einem unterirdischen Grundwasserstrom.
- Schrägwuchs: Baum neigt sich nach dem Strahlungswinkel einer Wasserader.
- Drehwuchs: Baum steht auf einer Kreuzung von Wasseradern (gleichpolarisiert). Achtung: Die Kastanie besitzt einen natürlichen Drehwuchs.
- Baumkrebs: Baum steht auf einem Grundwasserstrom und einer Gitterstruktur.
- Mistel: Baum steht auf einer linkspolaren Zone.

Wenn Sie die genannten Strukturen vorfinden, sollten Sie einen längeren Aufenthalt auf diesen Bereichen vermeiden, sie also nicht bebauen. Mit Hilfe der folgenden Pflanzen können Sie im Garten Störzonen erkennen und neutralisieren:

- Adlerfarn: Neutralisiert die Wirkung unterirdischer Wasseradern.
- Buchsbaum: Kann unterirdische Grundwasserströme umpolarisieren.
- Efeu: Gedeiht auch in dunkleren und schattigen Bereichen und verteilt Energie.
- Holunder: Wächst immer auf unterirdischen Grundwasserströmen.
- Mistel: Neutralisiert die Linkspolariät.

In der direkten Nähe zum Haus sollte man schauen, wo der nächste Holunder wächst oder wo andere eindeutige Hinweise auf Verläufe von Wasseradern zu finden sind. Im ungünstigen Fall, wenn die Wasserader unter dem Haus durchfließt, kann man mit Buchsbaum oder Adlerfarn Abhilfe schaffen. Der Gartenkompost ist übrigens in der direkten Nähe des Holunders gut aufgehoben, da sich hier Fäulnisbakterien sammeln und der Kompost schneller zersetzt wird.

Tiere und Störzonen

Hunde koten am liebsten auf linkspolaren Wasseradern. Dort sammeln sich eher Fäulnisbakterien an, die dann den Kot zersetzen. Wenn ein Hund im Garten von alleine einen Lieblingsplatz zum stillen Örtchen erwählt, kann dies Hinweis auf den Verlauf einer Wasserader sein.

Katzen suchen gerne Störzonen auf. Am Lieblingsplatz einer Katze können Sie erkennen, welchen Platz Sie meiden sollten.

Adressen

Außenputz gegen Störstrahlung

Fa. Knauf

Vorhänge, Baldachin, Farbe gegen Störstrahlung

Fa. Marburg
www.marburg-NATURE.com

Fa. Pausa GmbH
Postfach 1180
72109 Mössingen
www.pausa.de

Messung von Elektrosmog und geopathischen Störungen

Ewald Kalteiß
Stieglitzweg 24
83209 Prien
Tel: 08051/62964
www.kalteiss@t-online.de

Literatur

Familienstellen

Hellinger, Bert: Ordnungen der Liebe, Heidelberg 1994

Hellinger, Bert: Die Mitte fühlt sich leicht an, Vorträge und Geschichten, München 1996

Schäfer, Thomas: Was die Seele krank macht und was sie heilt, Augsburg 1997

Feng Shui

Benschkowski, Andrea: Radiästhetische Erscheinungen in der Baubiologie und ihre messtechnische Erfassung, Nienburg 1997

Bischoff, Marco: Biophotonen. Das Licht in unseren Zellen, Frankfurt/Main 1995

Hale, Gill: Feng Shui Garten Praxis, Neuhausen am Rheinfall 1998

Jordan, Harald: Räume der Kraft schaffen, Freiburg 1997

Kalteiß, Ewald: Elektrosmog – im Zweifel für den Angeklagten? Nienburg 2002

Lazenby, Gina: Inneneinrichtung nach Feng Shui, München 1998

Meyer, Hermann: Die Gesetze des Schicksals, Basel 1987

Pennick, Nigel: Ley und lineare Rätsel in der Geomantie, Zürich 1991

Rossbach, Sarah: Feng-Shui, München 2000

Sator, Günther: Feng Shui. Leben und Wohnen in Harmonie, München 1997

Walters, Derek: Feng Shui, Wettswil 1994

Register

Bibliografische Information der Deutschen Nationalbibliothek
Die Deutsche Nationalbibliothek verzeichnet diese Publikation in der Deutschen Nationalbibliografie; detaillierte bibliografische Daten sind im Internet über http://dnb.d-nb.de abrufbar

Printed in Germany

Programmplanung: Dr. Elvira Weißmann-Orzlowski
Bearbeitung: Sabine Seifert · Satz/Grafik/Lektorat
Umschlaggestaltung und Layout:
CYCLUS · Visuelle Kommunikation
Satz: Sabine Seifert · Satz/Grafik/Lektorat
Druck und Verarbeitung: Westermann Druck Zwickau GmbH, Zwickau

Gedruckt auf chlorfrei gebleichtem Papier

ISBN 3-8304-2220-2
ISBN 978-3-8304-2220-4 1 2 3 4 5

Bildnachweis:
Umschlagfotos vorn und hinten: Getty Images
Abbildungen innen: Marion Ulrike Moritz/Profi Plan, Stuttgart (S. 60); Nina Adelmann (S. 26, 50, 56, 119, 122, 124, 127, 133, 146); alle übrigen: Archiv der Thieme-Verlagsgruppe
Illustrationen: Sabine Seifert